INHALT

VORWORT

Schon immer habe ich mich gefragt, warum ein Vorwort den Singular beschreibt, aber ausnahmslos im Plural genutzt wird, denn es sind viele, viele Worte in einem Vorwort.
Es müsste korrekterweise im Plural „Vorworte" heißen.
Schließlich heißt die Geschichte ja auch nicht Hauptwort.
Wenn Sie das Wort „Wort" überdenken, dann sind Ihnen sicherlich auch schon einmal diese oder andere Gedanken durch den Kopf gejoggt:
Warum heißt es „das Jawort geben". Das Jawort heißt „Ja".
Punkt – Aus – Ende.
Wieso umständlich die Endung „-wort" dranhängen? Andersherum habe ich noch nie gehört, dass jemand sagte:
„Ich gebe Dir das Neinwort!"
Für große Verwirrungen sorgen zum Beispiel die Fürwörter.
Der Fachmann, also der Deutschlehrer und Herr Duden, sagen dazu Pronomen. Ein Fürwort ist ein Wort, das ich für ein anderes Wort einsetze.
Warum?
Wenn ich schon ein Wort für ein Wort habe, wieso dann noch ein Fürwort, also noch ein anders Wort für dieses Wort kreieren? Dann habe ich ja zwei oder gar mehrere Worte für ein Wort.
War es nicht ursprünglich im Sinne des Erfinders, dass man für *eine* Sache *ein* Wort erfand?
So konnte man sich klar und deutlich ausdrücken. Erst durch viele verschiedene Wörter für ein und dasselbe Wort entstehen doch Missverständnisse und Zankereien.

Was soll man denn von einem Bindewort denken. Ein Wort, dass es sich zur Lebensaufgabe gemacht hat, Sätze oder Worte zu verbinden. Das Bindewort, der Kabelbinder der Grammatik. Böse Zungen behaupten, das Bindewort wurde nur als Lückenfüller für das Kreuzworträtsel erfunden.
In Wahrheit müsste eigentlich das „Jawort" „Bindewort" heißen, denn das tut es nämlich. Es bindet ihn an sie.
Vielleicht ist das Bindewort auch eine Art Codewort (schon wieder ein Wort mit -wort am Ende).
Sie wollen Ihren Hund vor dem Supermarkt anbinden und haben keine Leine. Dann sprechen Sie einfach das Bindewort aus. Das ist sowas wie ein Zauberwort.
Das Fremdwort. Ein Wort, das uns fremd ist. Also auch Worte erfahren Ausgrenzungen am eigenen Leib.
Manchmal ist mir sogar meine eigene Frau fremd. Sollte ich es aber wagen, sie deswegen mit Fremdfrau anzusprechen, dann könnte ich mit einer gepfefferten Antwort rechnen.
Übrigens ist „sofort" auch ein Wort, aber leider mit Rechtschreibfehler.
Es kommt sogar vor, dass man anderen sein Wort gibt, was aber nicht weiter ins Gewicht fällt, denn man hat ja unendlich viele davon und wenn man will, sogar noch dreimal so viele Fürworte.
Worte haben große Wirkung, wie das Ehrenwort oder das Grußwort. Worte können aber auch verletzten. Nehmen Sie sich in Acht vor dem Stichwort oder dem Schlagwort.
Sie merken schon, das Wort besitzt Macht.
Aber für das größte Mysterium, das uns Menschen bekannt ist, das eine große Rätsel, über das wir so wenig wissen und das doch ein jeder früher oder später tut, haben wir nur eine hilflose süße Verniedlichung parat?
Ist der Tod nicht mehr wert als nur ein Sterbenswörtchen?
Aber warum erzähle ich Ihnen das alles?
Fahren wir fort.
Man hat mich noch vor dem Vorwort gefragt, warum ich ein Buch schreiben möchte.

Nun, ich bin ein großer Freund des Recyclings und ich möchte gerne etwas für die Umwelt tun. Ein Buch besteht aus Papier und irgendwann wird es dann zu Altpapier. Und ich führe Altpapier der Altpapiertonne zu, um kein unnötiges Papier zu verschwenden.
Wer kennt eigentlich den genauen Zeitpunkt, wann aus Neupapier Altpapier wird?
Ist das Buch, das Sie jetzt gerade in den Händen halten, nicht eigentlich schon Altpapier?
Und wenn dem so ist, dann freuen Sie sich, denn Sie tun etwas für die Umwelt. Sie lesen Altpapier, retten also einen Baum – oder so ähnlich.
Sie merken schon, Umweltschutz ist kompliziert.

Ich habe im Laufe meines Lebens eine Weisheit erlangt, die ich für unumstößlich halte.

Selbst das Leben eines Fremden ist sehr persönlich.

Da ich aber über das Leben von Fremden ungefähr so viel weiß, wie ein Seehund vom Panflötenspielen, liegt es auf der Hand, über mein eigenes Leben zu schreiben. Zumindest darüber, was ich davon so in Erinnerung habe, wie es sich angefühlt haben könnte, wenn es so gewesen wäre.

Schuld an diesem Buch ist streng genommen Dieter Grenz. Denn schon damals sagte ich mir: „Das müsste man eigentlich aufschreiben!"
Wenn Sie je einen Mitbewohner wie Dieter Grenz haben, dann schmeißen Sie ihn raus, bevor er eingezogen ist!
Aber auf Dieter komme ich später noch zurück.

MEIN ERBE

Mein Erbe ist ein Fluch. Seinen Anfang nahm es 1821 in Mombasa, einer Stadt, so verschwenderisch wie ein Füllhorn.
Mombasa.
Hauptstadt der Orgien.
Nichts kann dich auf Mombasa vorbereiten.

Paolos Zähne erinnerten an die Farbe von Taubenkot. Das zigarrenbraune, ungewaschene Gesicht, kantiger als ein Silberbarren, beherbergte ein Augenpaar, das bei jedem Wort wie eine Roulettekugel kreiste.
Bormann musste sich zwingen, wegzusehen, um einem Schwindelanfall zu entfliehen.
In den Adern der Stadt fließt ein Gebräu, das sie Zulu-Bier nennen. Ein Gesöff, ätzender als Säure, hinterhältig wie ein Strauchdieb.
Paolo schüttelte sich bei der Vorstellung daran wie ein nasser Hund.
Als Matrose auf der portugiesischen Galeone Sao Gabriel hatte der ständig im Rausch lebende Schiffskoch die Welt gesehen, wie er sich bei jeder Gelegenheit anzumerken beeilte. In Mombasa wollte Paolo schon drei- oder fünfmal gewesen sein, genauer konnte er es nicht benennen.
Eine Stadt, gespickt mit Wundern.
In Mombasa geht die Sonne abends auf, die Menschen gehen rückwärts und die Babys trinken Blut statt Muttermilch. In den Gassen drängen sich Huren, die den Leibhaftigen zureiten könnten.

Am Hafen werden Sklaven wie nasse Säcke in rostigen Ketten auf klapprige Kähne verladen. Verhutzelte Zwergenmenschen, Jongleure und Feuerschlucker kämpfen um die Gunst des Publikums. Akrobaten balancieren über blitzende Schwertklingen, Fakire schlafen auf glühenden Kohlen, während sie sich gebleichte Knochen durch die Nasenflügel treiben. Überall wartet Speis und Trank in Hülle und Fülle. Süße Gerichte, die gleichzeitig sauer schmecken. Kuchen so schmackhaft, dass sie sich bei der ersten Berührung des Gaumens in Poesie verwandeln. Fleisch, gebraten, gegrillt, gekocht, eingelegt, gepökelt oder für die Wilden auch roh und blutig. Aufgeblähte Fische, die an rote Igel erinnern. Riesenmuscheln und Krebse, deren Scheren in der Lage sind, einen Ochsen zu halbieren. Gegessen wird von goldenen Tellern, getrunken aus Füllhörnern vom Olymp.

Und dann der Bazar: Ein Markt, der alles bereithält, was Begierde, Träume und Phantasie nur erdenken können. Goldene Schwerter, kohlschwarze Mädchen mit Zähnen aus Mondgestein, sprechende Vögel, Löwenköpfe, Elfenbein, Haschisch, Opium und die schwarze Magie der Wilden. Voodoo.

Mombasa, wilde Negerstadt der Ostküste.

Paolo leckte sich die Lippen, während Bormann, getragen von den Lügenmärchen des Portugiesen, seinen Gedanken nachhing. Afrika. Terra incognita. Land der Wilden. Würde die Aussicht auf Abenteuer seinen Mut beflügeln, der wie ein mürber Zwieback in seiner Manteltasche dahinfaulte? Kaum zu glauben, dass die Ankunft in Mombasa schon sechs Monate zurücklag.

Die Erinnerung daran war lebendig wie ein Wasserfall. Bormann schmunzelte damals über die ausschmückende Beschreibung des Schiffskoches der Sao Gabriel, aber wenn Paolo eines gelungen war, dann die übertriebene Darstellung der Gegensätze dieses fremdartigen und für Europäer so lebensfeindlichen Kontinentes.

Mittlerweile hatte Bormann Dutzende von Zeichnungen und

Skizzen zusammengetragen, die ein Afrika zeigten, das alle Facetten – von himmlisch betörend, skurril und schrullig bis teuflisch gefährlich und hinterlistig bösartig – aufzeigte.
Afrika war Treibsand fürs Gehirn. Je tiefer man sich ins Landesinnere vorwagte, desto größer die Gefahr. Gefahren, von denen das hungrige Lachen der Hyänen bei Nacht eine der harmlosesten war.
Moskitos schwirren wie Nieselregen umher, peitschende Fieberkrämpfe wechseln sich mit der Ruhr ab. Giftschlangen, Skorpione und Spinnen, groß wie Bratpfannen, ducken sich unsichtbar ins Dickicht. Krokodile liegen scheinbar träge in der Sonne, um vorbeiziehende Beute blitzartig zu packen. Raubkatzen streifen knurrend durch den Busch. Untiere mit teuflischen Hörnern, deren Galopp wie das Poltern betrunkener Riesen klingt. Wilde, die über zwei Meter groß sind, behangen mit bunten Ketten und Tierfellen, bewaffnet mit Speeren, deren Spitzen in der Sonne glühen. Totenschädel, aufgespießt auf Holzpfählen, die für Bormanns Geschmack auf eine äußerst ungemütliche Art und Weise die Macht und Stärke der Stammesfürsten zur Schau stellen.
Dazu kommen die unzähligen verschiedenen Stämme und Dörfer, jeder mit einem eigenen König oder Stammeshäuptling, deren einziges Verlangen, so wirkt es auf den reisenden Deutschen, darin besteht, Geschenke von ihm einzufordern.

Jetzt aber lag Bormann von Schüttelfrost und Fieberanfällen gepeitscht wie ein verwundeter Hund in der halbdunklen Hütte. Die 40 Grad waren bei Außentemperaturen von über 55 Grad aberwitzigerweise als angenehm kühl zu bezeichnen.
Der Staub biss wie eine Armee ausgehungerte Flöhe. Hitze hatte den einstigen Lehmboden in eine trockene, rissige Salzwüste verwandelt. Während sich der heiße Wind zielsicher seinen Weg durch die Ritzen und Lücken der schiefen Hütte bahnte, stieg in Bormanns Verdauungstrakt blubbernde Unruhe auf.
Es waren letztlich die Geier gewesen, die den Deutschen vorerst retteten.

Angelockt von den am Himmel kreisenden Aasfressern, wurde eine Gruppe Massai auf den fremden Halbtoten in den geduckten Büschen der Steppe aufmerksam. Geduldigen Ministranten gleich hatten die Aasgeier in Armeslänge von ihm entfernt ausgeharrt. Hockten im Steppengras, tänzelten von einem Bein auf das andere, fast so als ob der Boden zu heiß wäre, und probierten bereits mit ihren scharfen Schnäbeln an ihm herumzupicken. Dschungel-Horsd'œuvre Vage Schemen großer schwarzer Wilde, lang wie Bäume, mit Muskeln wie Eisen und Leopardenköpfen waren das letzte, was Bormann wahrnahm, bevor sein Körper Erlösung in der Ohnmacht fand.

Im fieberartigen Dämmerzustand sah er sich um. Getrockneter Lehm auf einem Geflecht aus Zweigen und Reisig bildeten die Wände. Dazwischen Tierfelle und Wollfetzen, die entfernt an Fenster oder Türen erinnerten. Die Ruhrbakterien hatten seinem Darm schwer zugesetzt. Die Verdauungsfunktionen seines Körpers arbeiteten mehr als nachlässig. Sein After fühlte sich an wie grobkörnig abgeschliffen und brannte als hätte er ein Säurebad genommen. Die verbliebenen Sinne waren so abgestumpft wie lauwarmer Haferbrei. Schweiß. Unmengen salzigen Schweißes. Sturzbäche. Literweise. Eimerweise. Stinkende schweißige Gewitterschauer, die an ihm herabflossen. Kochender Schweiß strömte unerschöpflich aus ihm heraus. Wie heiße Quellen schienen sie nie zu versiegen. Und ein andermal wieder schwitzte er winzige Tröpfchen, langsam vor sich hinschmorend. Aber besonders hinterhältig war der erkaltete, klebrige Schweiß, der in den klaren Nächten seinen Körper wie eine eisige Schlangenhaut überzog und weiße Male krustiger Salzränder auf seiner Haut hinterließ.

Hans Bormann war von einer Gruppe Massai-Krieger aufgelesen worden. Den fast leblosen Körper des Deutschen hatten sie im Dickicht gefunden und nur notdürftig versorgt, denn der weiße Musungo, so nannten sie Bormann, war verhext und schuld an der Seuche, an der die Ziegenherde des Stammes verendet war. Sobald er wieder in der Lage war, einigermaßen auf eigenen Beinen zu stehen, schickte man ihn, festgebunden auf einer blinden, ausgehungerten Kuh, in die Steppe, um die Götter zu besänftigen, ihre Ziegen zu verschonen.

Als eine Karawane englischer Kaufleute und Forscher den Deutschen – festgebunden auf einer von den Geiern bereits angenagten Kuh – im Sand entdeckten, mussten sich selbst die hartgesottensten Abenteurer beim Anblick des von der Sonne verbrannten und aufgeplatzten Körpers Bormanns übergeben.

Als mein Urururgroßvater Hans Bormann zwei Jahre später wieder in den Schoß seiner Familie in Hamburg zurückkehrte, war er nicht mehr derselbe.
Die Strapazen und Qualen dieser Afrikareise drückten sich in einer geistigen Verwirrtheit aus.
Bei seiner Rückkehr wurde Hans Bormann von einem Schimpansen namens Knut begleitet. Knut war zur See gefahren und Hans Bormanns bester Freund geworden.
Die Krux an der Geschichte war, dass mein Urururgroßvater der einzige war, der Knut sehen konnte und so fand er sich bald in einem Irrenhaus wieder, in dem er schließlich mit weit über 80 Jahren verstarb.
Knut war ihm nie auch nur eine Sekunde von der Seite gewichen und seit dieser Zeit ist Knut zu einer Art Fluch unserer Familie geworden, denn jeder männliche Nachkomme der Bormanns hatte einen Knut an seiner Seite. Knut war zum Erbe der Bormanns geworden.

Mein Knut hat sich erst gezeigt, als ich Mitte 40 war. Ich hatte gerade einen Joghurt aus dem Kühlschrank geholt. Ich weiß noch genau, es war ein Stracciatella-Joghurt. Geschmacklich eher eine vier minus, aber optisch machte der Joghurt echt was her. Das Auge isst ja mit. Diese kleinen Schokoladensplitter im weißen Joghurt erinnerten mich an kleine Trüffel im Schnee. Gedankenversunken stapfte mein Geist durch den Schnee voller Trüffel, als mich Knuts schräges Gesicht zwischen der Butter und dem Camembert anstarrte. Vor Schreck ließ ich meinen Joghurt fallen.

Knut fragte mit norddeutschem Seemannsakzent: „Wat ist, war der Joghurt nicht mehr haltbar?"

Zuerst hatte ich an einen kurzen Tagtraum, so eine Art Sekundenschlaf gedacht, aber während ich den Schnee und die Trüffel vom Fußboden wischte, saß er plötzlich am Küchentisch, stopfte sich genüsslich eine Handvoll Nüsse in den Mund und las meine E-Mails auf meinem geöffneten Laptop.

Seitdem ist Knut sporadisch da, zeigt sich manchmal beim Autofahren auf dem Beifahrersitz, im Wartezimmer beim Arzt, an der Schlange vor der Supermarktkasse oder auch inmitten meines Publikums. Meist aber in der Küche am Küchentisch. Irgendwie ist der Tisch in der Küche zu so einer Art zentralem Lebensmittelpunkt für Knut und mich geworden. Eigentlich kein Wunder, die besten Partys werden ja auch in der Küche gefeiert. Und Knut lässt es sich bei mir gut gehen.

Irgendwie ist Knut eine abgewandelte Form von Dr. Jekyll und Mr. Hide. Nicht, dass Knut das Böse in mir weckt, eher das Absurde, das Verrückte und Aberwitzige.

Ich habe mich an Knut gewöhnt. Mehr noch, Knut und ich haben uns arrangiert und leben in einer sehr abstrusen und seltsamen Beziehung, die eher an eine WG als an eine Familie erinnert. Und am Küchentisch unserer kleinen WG begannen wir auch, diese erfundene Autobiografie zu schreiben, also quasi eine Autobiografiktion.

Quatsch. Das ist eine Stockente!
Nee, das ist 'ne Plastikente.
So eine Ente hatte der Professor auf der Terrasse, als ...
Als ... was?
Okay, ich erzähl's Dir.

PROLOG ZU
JETZT IST DIE ENTE GRAD' WEG

Nachdem ich mein Leben immer so gelebt habe, wie ich es notgedrungen wollte, und meine Eltern mir schon sehr früh, mit 15, die wohlbehütete und beaufsichtigte Freiheit schenkten (Ich bin mit 15 von zuhause ausgezogen worden), ließ ich mich vom Leben an der langen Leine herumführen.

Rückblickend, und ich kann erst auf die rechnerisch erste Hälfte zurückblicken, habe ich festgestellt, dass das Leben, ganz unbemerkt, doch zielstrebig ein Eigenleben entwickelt.

Und dieses teilweise widerspenstige Eigenleben bugsierte mich wie ein entschlossener Hafenschlepper vollkommen unvorbereitet in Situationen, die mich und vor allen Dingen meine Weltanschauung prägten.

Aus diesen zufällig absurden Begegnungen hat sich unter anderem mein Humor entwickelt.

Meine Bühnenprogramme basieren auf Momenten, Sätzen, Zu- und Unfällen, Erinnerungsfetzen oder Phobien.

Wie muss man sich das vorstellen?

Ein guter Freund und Zahnarzt Professor Matthias Heinenhoff ist ein großer Bewunderer Obelix'.

Nicht, das was Sie denken.

Er liest weder die Comics, noch lacht er darüber oder ist ein Sammler.

Ihn begeistert die Technik des nicht zu übersehenden Galliers, sich den Hinkelstein auf den Rücken zu hieven, um damit spazieren zu gehen.

Die Kernbotschaft dahinter lautet:
„Ich mache das, weil ich es kann!"
Und so hielt es Professor Heinenhoff mit allem im Leben, bis eines Tages ein kurioser Unfall mit eben dieser Technik ihn fast seine Beweglichkeit gekostet hätte.
Er ist heute weder gelähmt, noch behindert, aber er war näher dran, als eine Schmeißfliege am Fliegenfänger klebt. Rückwirkend betrachtet schreit die Geschichte geradezu vor Komik.
Und alles begann mit dem Satz:

JETZT IST DIE ENTE GRAD' WEG

Die Erfolgsstory „Ente" fußt auf zwei Grundpfeilern: Ausreichend Nahrung in Zusammenhang mit ausreichend Nachwuchs.
Zum einen hat sich das „Entenfüttern" zu einer mittlerweile etablierten Freizeitaktivität bei Rentnern und Kindern entwickelt, und zum anderen ist es die anspruchslose Wahl ihres Brutplatzes.
Kaum vorstellbar, wenn man heutzutage, der Großstadthektik entfliehend, durch einen Park spaziert, dass es vor 100 Jahren kaum Enten in den Städten gegeben hat.
Enten sind heutzutage so verbreitet wie Apotheken, Dönerbuden oder Pizzadienste. Es gibt sie hundertfach in jedem Stadtteil.
Wo Sie übrigens keine Enten antreffen, sind die klassischen Chinarestaurants.
Die Pekingente, die Ihnen dort serviert wird, ist höchstwahrscheinlich Huhn, Hamster oder schmackhaft gewürztes Schaumgummi.
Ich habe zu Beginn der Vegetarierwelle, die in Deutschland damals zu Anfang der 1990iger auch auf die Restaurants überschwappte, eine vegetarische Pekingente auf einer Speisekarte entdeckt.

Auf Nachfrage hieß es aus der Küche des Chinarestaurants, die Ente sei aus Tofu.

„Also ist das eigentlich Pekingtofu!" sagte ich.

Der Koch nickte verdutzt, lächelte aber dennoch nichtssagend und wiederholte:

„Pekingente ist Tofuente."

„Da ist gar keine Ente drin, nur Tofu!"

„Tofuente!" wiederholte er unterwürfig lächelnd.

„Nur Tofu, ohne Ente!" Ich sollte es aufgeben, ihm den Unterschied zu erklären, dachte ich, als sich der Kellner einschaltete.

„Das ist clever Marketing", klärte mich der Kellner in seinem mäßig weißen Hemd auf. „Pekingtofu bestellt niemand. Pekingente vegetarisch klingt besser."

„Wie oft wird die vegetarische Pekingente denn bestellt?" Jetzt war ich neugierig.

Der Kellner sah den Koch an, der Koch sah den Kellner an, ich sah den Koch an und dann sah der Kellner mich an.

„Mal sehen", sagte er und hielt ein paar Finger zum Rechnen hoch. „Heute haben wir Donnerstag, also dann überhaupt noch nie."

„Das ist ja mal ein astreines Marketing!", sagte ich, klappte die Karte zu und verließ das Lokal.

Zurück zur Stockente, die ganz nebenbei bemerkt nur semantisch mit dem Stockfisch verwandt ist

Nehmen wir irgendeine Stadt. Hamburg.

In Hamburg gab es um 1900 keine Enten. Übrigens auch keine Autos.

Ich frage mich bis heute vergeblich, was wohl Rentner und Kinder um 1900 gemacht haben. In den alten, dunkeln, grausamen Zeiten, als Entenfüttern wegen akuten Entenmangels noch gar nicht erfunden war.

Heute leben über 20.000 Enten in Hamburg. Und übrigens 800.000 Autos.

Dass die Autos in der Überzahl sind, liegt überwiegend daran, dass für den gemeinen Mann ein Auto in der Garage einfach mehr hermacht, als eine Stockente unterm Carport.

Welcher 18-Jährige würde schon ein Mädchen aufreißen, indem er sagt:

„Ich kann dich zwar nicht in die Disco fahren, aber ich kann dir zuhause unterm Carport meine Stockente zeigen."

Man kann also ohne weiteres die Behauptung aufstellen, dass die Ente zwar evolutionär vom Auto überholt wurde, sich aber dennoch, mal abgesehen vom Auto, einen festen Platz in der Stadt erobert hat.

Enten brüten zwar vorzugsweise im hohen Schilf oder Gras an Gewässern, bauen ihre Nester jedoch gern auch auf Häusern, Kirchtürmen, Terrassen oder Balkonen.

Regelmäßig im Frühsommer rufen besorgte Tierfreunde bei der Entenhotline an und fragen, was sie mit den Stockenten auf ihrem Balkon oder dem Flachdach machen sollen.

Keiner dieser Anrufer bei der Entenhotline war mein Freund Professor Heinenhoff.

Der Professor, wie man ihn unter Freunden liebevoll nennt, ruft keine Entenhotline an. Der erledigt das kurzerhand selbst.

Der Professor bewohnt mit seiner Frau, Frau Professor, eine schöne Dachgeschosswohnung in Hamburg-Winterhude, unweit der Alster.

Und diese schöne Wohnung besitzt eine noch schönere Terrasse, auf der wir in warmen Sommernächten bisweilen bis in die Morgenstunden sitzen, lachen, essen und trinken.

Der Professor ist ein ausgezeichneter Gastgeber, der gänzlich unaufdringlich dafür sorgt, dass man sich bei ihm einfach rundherum wohlfühlt.

Irgendwann hatte Frau Professor zwischen den Zierkoniferen und den Tomatensträuchern in den großen Pflanztrögen auf der Terrasse eine brütende Ente entdeckt, die dort genüsslich auf ihren Eiern hockte, als säße sie auf dem Klo und ihr fehlte zum perfekten Glück nur noch ein Zeitung.

War die Ente mal für kurze Zeit aus dem Nest, sah man die elf kleinen weiß gesprenkelten Enteneier.

Für den Professor war die Sache sofort klar: Die Ente musste samt Nest umgesiedelt werden. Nicht, dass Herr und Frau Professor Entennachwuchs auf ihrer Terrasse unschön fanden. Nein, sie sind durch und durch Tierfreunde, aber der Professor äußerte gewisse Sicherheitsbedenken.

Was, wenn die Entenküken geschlüpft waren? Wie sollten sie von der Terrasse aus dem dritten Stock nach unten kommen? Wohl kaum über eine Räuberleiter. Und dass der Ententrupp die Treppe im Hausflur nehmen würde, erschien wenig aussichtsreich.

Um der Ente das angehende Mutterglück nicht noch zu erschweren, schließlich war sie allein für die Brut und Aufzucht der Jungen verantwortlich, während ihr Erpel sich wahrscheinlich in Bars oder Spielcasinos herumtrieb, wollte der Professor das Nest mit dem ganzen Pflanztrog übersiedeln.

Unten im Garten hatte er eine geschützte Ecke ausgemacht, die seiner Meinung nach hervorragend zum Brüten geeignet war.

„Wie oft hast du denn schon gebrütet?" fragte seine Frau leicht spöttisch.

„Ich habe schon mal zwei in Alufolie eingewickelte Kartoffeln in der Glut des Lagerfeuers am Strand vergraben!" Der Professor hielt diese Antwort für ausreichend, um seine Fachkompetenz in Sachen Brüten zu untermauern.

„Und dann hast du gewartet, bis die Kartoffeln schlüpfen?"

„Das nicht, aber der Zeitpunkt, wann ich die Kartoffeln ausgegraben habe, war sowas von auf den Punkt!

„Was heißt auf den Punkt?"

„Na, die Kartoffeln waren gar!" entrüstete sich der Professor.

„Und die elf Enteneier sind auch bald gar?", wollte es Frau Professor ganz genau wissen.

Und dann fiel der berühmte Satz, der noch heute auf Festen und Feiern gern zur allgemeinen Belustigung wiederholt wird.

„Jetzt ist die Ente grad' weg!"

Der mit Erde gefüllte Pflanztrog wog so viel wie eine Waschmaschine.

Unter großem Protest seiner Frau, die es für ausgemachten Schwachsinn hielt, sich zuzutrauen, eine Waschmaschine alleine aus dem dritten Stock zu tragen, wandte der Professor die Obelix-Technik an:

Umdrehen, in die Hocke gehen, hochhieven und ab mit dem Trog auf den Rücken, während Frau Professor das Nest mit ausgestreckten Armen in Stellung hielt, damit die Eier nicht hinauskullerten.

So ächzte und wankte der Professor durch die Wohnung ins Treppenhaus.

Das Gewicht zog an seinen Armen wie ein Anker, der an der Kette in die Tiefe rauscht.

Ab der Türschwelle benötigte es besonders viel Aufmerksamkeit, denn die elf Stufen im hanseatischen Altbau waren teilweise unterschiedlich hoch.

Allerdings sollte sich sogleich herausstellen, dass elf unterschiedlich hohe Stufen pro Halbstock nicht die größte Gefahr waren.

„Warte, ich muss nachfassen!" keuchte der Professor.

Kurz in die Knie, das ganze Gewicht mit Schwung hochwuchten, um nachzufassen. Obelix-Technik eben.

Mit dem kleinen Schwung verlor das Nest den Halt und Frau Professor die Balance, sodass die Eier nacheinander hinunterrollten und mit einem sanften, doch entschiedenen „Knack" zerbrachen und ihr zartes, ungeborenes Leben in Form von Eidotter über die knarzenden Holzstufen ergossen.

Zu jedem Ei, das zerbrach, ließ Frau Professor ein „Ach nein", ein „Oh Gott" oder ein „Himmel hilf" fallen.

„Pass doch auf!" entrüstete sich der Professor, als das letzte der elf Eier den Sturz wie durch ein Wunder überstand und auf der Kippe zur nächsten Stufe herumeierte.

Das, was der Professor jetzt tat, hätte Obelix natürlich gekonnt, aber der Professor war nun mal nicht Obelix und als er mit dem rechten Fuß das Ei an der Stufe aufhalten wollte, kippte das ganze Pflanztrog-Professor-Gebilde wie ein Turm Bauklötze im Sandkasten in sich zusammen.

Das Gewicht des Troges drückte ihn die Treppen hinunter. Eigenartigerweise gab der Professor keinen Laut von sich. Überhaupt schien das einzige Geräusch vom polternden Pflanztrog zu kommen, der seine Erde und Koniferen ausspuckte und Stufe für Stufe hinabstürzte.

Im Halbstock kam der Professor auf dem Rücken zum Erliegen, der Pflanztrog landete mit vollem Gewicht auf seinem Oberkörper. Sein Fuß war verdreht und in seinem Gesicht lag eine abgebrochene Konifere samt erdigen Wurzelballen.

Frau Professor dachte, er sei tot.

Herr Professor dachte ebenfalls daran.

Die ungeborenen Entenküken waren tot.

Einzig das letzte verbliebene Ei stand noch, wie auf einem unsichtbaren Eierbecher, auf der obersten Stufe.

Der Professor rief mit feuchter Erde im Mund:

„Das Ei. Rette das Ei!"

„Scheiß auf das blöde Ei, du Trottel. Ich habe dir doch gesagt, dass das in die Hose geht. So eine saudumme Idee. Jetzt ist die Ente grad' weg. Ich habe gedacht, du seist tot, du Scheißkerl!"

Frau Professor schrie sich den Schock von der Seele und stoppte erst, als ihr Mann beim Versuch aufzustehen wieder benommen stürzte.

Natürlich geht ein Professor nicht ins Krankenhaus. Schließlich war er selbst Arzt. Wenn er auch als Zahnarzt nicht unbedingt geeignet schien, eine medizinisch einwandfreie Diagnose nach einem Treppensturz zu erstellen, kam ein Krankenhausaufenthalt nicht in Frage und so rief er nach einem befreundeten Unfallchirurgen, der sich vor Ort um ihn kümmerte und erstversorgte.

Drei gebrochene Rippen, Brustbein mehrfach geprellt, Hand- und Fußgelenk verstaucht und als Krönung einen abgebrochenen Schneidezahn.

Der Professor fiel mehrere Wochen in seiner Praxis aus und überstand die Zeit nur mit viel Schmerzmittel und noch mehr Ruhe.

Ruhe ist nun wirklich nicht des Professors Stärke, aber er kümmerte sich um das letzte der elf Eier, nachdem die Mutterente nicht zurückgekehrt war.

Ein Brutapparat wurde angeschafft. Internet macht's möglich.

Das Ei wurde rundherum gekennzeichnet, damit es mehrmals am Tag richtig gedreht wurde, und der Professor überlegte sich, während er das Ei mehrmals am Tag im Brutkasten umdrehte, bereits einen Namen, ertappte sich dabei, dass er darüber nachdachte, ob es eine Ente oder ein Erpel würde und ob er das Küken würde prägen können, wenn sein Gesicht das erste wäre, das das Küken nach dem Schlüpfen wahrnehmen würde.

Seine Frau hielt ihn mittlerweile für komplett übergeschnappt, war aber auf der anderen Seite froh, dass er sich durch dieses Ei die dringend benötigte Ruhe gönnte.

Im Inneren des Eis drehte sich der Embryo nach knapp vier Wochen in Richtung dickes Ende und der kleine spitze Eizahn, dieser Fortsatz am Schnabel, pickte ein paar hundert Mal gegen die Schale, bis er durch ein kleines Loch ein Stück Welt wahrnahm.

Luft. Jetzt konnte das Küken durchatmen.

Das war so anstrengend gewesen, dass es erst einmal sechs Stunden Ruhe brauchte, in denen sich der Professor mehrere Male wünschte, er wäre doch Gynäkologe geworden.

Irgendwann rief er vor Ungeduld und Aufregung den Tierarzt an:

„Mein Ei ist schwanger, also war schwanger und das Kind kommt gerade. Was muss man da tun, ich bin doch nur Zahnarzt!"

„Ganz ruhig, Herr Heinenhoff, das Küken macht das alles von ganz alleine. Und übrigens Eier werden nicht schwanger!"

Der Tierarzt hatte hörbar seine Freude an dem Professor.

Nach sieben Stunden begann das Küken wieder zu arbeiten und diesmal griff der Professor beherzt ein.

„Lass das!" sagte seine Frau. „Die Küken machen das seit Jahrmillionen von ganz allein."

„Du weißt das, aber weiß es das Küken auch?"

„Hör auf! Vielleicht verletzt du es!"

„Es ist im Grunde genommen nichts anderes, als ob ich ein Ei pelle!"

Und so pellte und pulte der Professor mit Daumen und Zeigefinger den kleinen Wolfgang, wie er den Erpel später taufte, aus dem Ei.

Nach einer guten Viertelstunde hielt er ein mandarinengroßes gelbbraunes Vogeldings mit Schnabel in den Händen. Das Fell verklebt wie pampiger Reis. Es zitterte, als ob es eine Batterie hätte.

Wolfgang war des Professors versuchte Wiedergutmachung für den tragischen Eierunfall und so hielt er das kleine Dingsbums die ersten zehn Stunden, wie Smergol seinen Ring als „mein Schatz" in seinen Händen. Er gab dem Küken Körperwärme, Nähe und das Gefühl einer Familie.

Aus einer alten Weinkiste, mit Holzwolle ausgelegt, wurde Wolfgangs erste 1-Zimmer-Wohnung errichtet.

Ein flacher Wassertrog und spezielles Entenaufzuchtfutter aus der Zoohandlung, nebst einer Rotlichtlampe waren die ersten Einrichtungsgegenstände und Wolfgang schien sich sichtlich wohlzufühlen.

Als der Professor eine kleine Fototapete einer Teichlandschaft mit schwimmenden Enten im Farbdrucker ausdruckte, um die Wände der Weinkiste zu verzieren, schaltete sich Frau Professor ein.

„Denkst du nicht, dass du ein wenig übertreibst?"

Der Professor dachte nach und nickte. Wahrscheinlich hatte seine Frau Recht. Man sollte den jungen Wolfgang nicht überfordern.

„Es ist wohl besser, ich präge ihn erst auf uns."

Eine Stunde später zierte das Hochzeitsfoto der beiden die Innenwände der Kiste.

„Musstest du ausgerechnet dieses Foto nehmen? Aus der

Perspektive sehe ich total fett aus!", beschwerte sich Frau Professor.

Der Professor wollte sich nicht zu dem Zusammenhang von Übergewicht und Perspektive äußern. Das endete unweigerlich im Streit.

Am Abend überraschte der Professor seine Frau mit einem roten Farbrollerset.

„Wolfgangs Swimmingpool. Hier unten", aufgeregt wies er auf das untere, etwas vertiefte Ende der rechteckigen Abrollschale, „das ist sein Schwimmbereich. Und die geriffelte Abrollfläche bietet ihm Halt, damit er im Bad nicht ausrutscht."

„Ausrutscht?" entgegnete sie ungläubig.

„95 % aller Unfälle passieren durch Unachtsamkeit im Haushalt und solange Wolfgang noch nicht versichert ist …".

„Versichert?", unterbrach ihn seine Frau. „Du willst diese Ente versichern?"

„Diese Ente ist ein Erpel und er heißt Wolfgang. Besser du gewöhnst dich schon mal daran!"

Sie sah ihren Mann lange an, schüttelte den Kopf und fragte:

„Wann meldest du ihn eigentlich in der Schule, deinen Wolfi?"

Wochen später besuchte ich den Professor und Wolfgang watschelte ihm auf Schritt und Tritt hinterher.

Der Erpel war ein echter Stalker geworden.

Enten gehen übrigens sehr eigenartig. Als ob sie den ganzen Tag geritten wären.

Sobald wir auf der Terrasse saßen, flatterte des Entendings auf des Professors Schoß, wedelte ein paar Mal mit dem Bürzel und machte es sich grinsend gemütlich. Man dachte unweigerlich an Donald Duck.

Frau Professor hatte sich an Wolfgang gewöhnt, nur als er ins Bett wollte, zog sie die Reißleine.

„Entweder Wolfgang oder ich!", erschallte es aus dem Schlafzimmer.

Ob und wann Wolfgang in die Pubertät gekommen war, entzieht sich meiner Kenntnis. Aber heute, etliche Jahre später, lebt Wolfgang immer noch in der Dachgeschosswohnung an der Alster und hat mittlerweile ein eigenes Zimmer mit Südseestrandfototapete und persönlichem Terrassenzugang in Form einer Katzenklappe.

Die Lebenserwartung einer Ente beträgt 20–25 Jahre und wir alle im Bekanntenkreis sind schon sehr gespannt, ob der Professor seinen Wolfgang mit 18 zum Führerschein anmeldet.

Die Jugend von heute ist oftmals verantwortungslos. Viele haben einen Deo-Roller, aber noch nicht mal einen Führerschein.

Meinen Führerschein machte ich erst später, so mit 26, aber in der Taxizentrale brauchte ich den zum Glück nicht.

STUDENTENJOB

Ich habe nie studiert, aber dafür hatte ich einen Studentenjob.
Klingt erstmal nach akademisch in spe.
Natürlich fühlte ich mich auch wie ein Student.
Ich besuchte Studentenkneipen, aß in der Mensa, wohnte in einer Studenten-WG und ich schlief von Zeit zu Zeit mit einer Studentin.
Fragte mich jemand nach meinem Studienfach, so hatte ich Topausreden parat, wie: *„Alter, lass uns jetzt bloß nicht von der Uni reden!"* oder *„Na was wohl? Das, was alle studieren!"*
Mein Vater war absolut überzeugt, dass ich studierte. Der hat mir glatt jeden Monat brav Studiengeld überwiesen. Und mein Vater ist eher der misstrauische Typ gewesen. Von der Sorte:
„Was, das soll Schwarzwälder Kirschtorte sein, das sind ganz gewöhnliche Sauerkirschen!"
Dann übertrieb' ich es aber, als ich versuchte, mit meinem Studentenjob BAföG zu beantragen. Plötzlich war ich kein Student mehr, zumindest für meinen Vater, da sich diese BAföG-Tussis bei ihm meldeten. Das hätte ich ahnen müssen.
Nun hatte ich weder Studiengeld, noch einen Studentenjob, sondern nur noch einen Job. Und da kündigte ich. Ich wollte schließlich nicht nur irgendeinen Job.

Aber zurück in die Zeit vor dem BAföG-Antrag.
Ich jobbte bei einem Taxiunternehmen in Kiel. Das Problem war nur, ich besaß damals noch keinen Führerschein und ohne diesen Lappen Taxifahrer zu werden, war ungefähr so vielverspre-

chend wie der Versuch, als Buddhist Papst zu werden.

Da blieb für mich nur die Telefonzentrale. Ich war der, der am anderen Ende des Hörers sagte

„Taxiruf Kiel, guten Tag!"

Ich nahm die Taxibestellung auf und hatte auf meinem Schreibtisch neben dem Telefon ein Tischmikro mit Sprechtaste, um die einzelnen Taxen loszuschicken.

Aus heutiger Sicht betrachtet war der Job die reinste Comedybude. Natürlich arbeitete ich nachts, da ich morgens gerne lang schlief und nachts die Freaks in den Taxen unterwegs waren.

Jürgen Kowalski war Extremkiffer (seit 20 Jahren), Extremrentner (Rente mit 37) und pflegte sein ganz spezielles Abendprogramm. Während andere Menschen vor der Glotze saßen oder in den Diskotheken, Bars und Kneipen abhingen, hatte Kowalski die Nachtschicht in der Taxizentrale für sich entdeckt.

Das war Realitykultur, wie er es nannte.

Wenn ich Nachtschicht schob, das war dreimal pro Woche, dann hatte Kowalski schon sämtliche Vorbereitungen getroffen. In seiner Marlboro-Schachtel steckte ein Dutzend vorgedrehter Joints, unter seinem Arm ein Sechserpack Bier und ca. 20 Melitta-Gefrierbeutel mit Wiederverschlusszip in der Jackentasche.

So saß Kowalski in dem alten, wundgesessenen Lederimitatsessel vor meinem Schreibtisch in der Zentrale, raucht zu jeder Flasche Bier zwei Joints und die Melitta-Gefrierbeutel brauchte er für seine Geschäftsidee.

Ich nahm keinen Eintritt von Kowalski, aber er bestellte mir regelmäßig Pizza und Cola auf seine Kosten. Das war okay.

Ich weiß nicht genau, ob Kowalski leicht zu unterhalten war, aber er kippte vor Lachen des öfteren aus dem dicken Sessel.

Kowalski! Wenn Du das jetzt hier liest. Melde Dich doch mal!

Um Ihnen einen Eindruck von dem zu vermitteln, was Kowalski eigentlich mitbekam, habe ich Ihnen, als Leser, einen kurzen Auszug dieser Abende zusammengestellt.

Und zwar im Original.

So, wie Kowalski sie hörte. Denn Kowalski hörte immer nur mich, wie ich ins Mikrofon an meinem Kopfhörer zu den Taxifahrern sprach. Nicht aber das, was die Fahrer am anderen Ende sagten. Das kam in meinem Kopfhörer an.

Diese Dialoge waren für Kowalski also nur Monologe.

Er grinste ununterbrochen. Keine Frage, das lag am Kiffen und am Bier, aber rückwirkend betrachtet kann ich nicht umhin, diesen Monologen einen gewissen Unterhaltungswert zuzumessen.

Natürlich quatschten die Taxifahrer alle dazwischen und jeder wollte irgendetwas.

Es wurden ja keine Namen benutzt, sondern nur Wagennummern und für mich gab es den wortgewaltigen Ausdruck „Zentrale".

Zwischendurch bekam ich natürlich noch die Telefonanrufe, die ebenfalls zu beantworten waren.

Nehmen Sie also Platz in dem alten Armsessel, dessen Lehnen aufgescheuert waren wie eine Parkhauseinfahrt im Seniorenzentrum.

- Wagen 15?
- Wagen 15, Rathausstraße 76. Trellegrond.
- T-r-e-l-l-e-g-r-o-n-d
- Ja, so heißt der.
- Haben Sie das, Wagen 15?
- Ja, Wagen 7?
- Ich höre Sie nur leise. Was ist los?
- Nein, Wagen 15, ich weiß nicht, was Trellegrond bedeutet!
- Wagen 7, sprechen Sie bitte lauter. Sie sitzen … wo? Wieso sitzen Sie hinten?
- Ihnen ist schlecht geworden?
- Moment, Telefon! Taxiruf Kiel. Ja geht in Ordnung. Dreiecksplatz 2., Grothe.
- Hier Zentrale an alle: Wer ist in der Nähe des Dreiecksplatzes?
- Hey, hey, hey, nicht alle auf einmal.

- Nein, Wagen 13, ich habe Sie nicht vergessen.
Wagen 4, wo sind Sie?
- Sie haben sich verfahren? Woher soll ich das wissen? Bin ich Taxifahrer oder Sie?
- Wagen 7, geht's Ihnen wieder besser? Ihnen wird immer beim Autofahren schlecht? Wie haben Sie dann Ihren Führerschein gemacht? Mit einer Kotztüte im Schoß?
- Oh! Tatsächlich? Sollte nur'n Witz sein.
- Nein, Wagen 15, ich weiß nicht, ob die Trellegronds mit den Trellegronds aus Köln-Deutz verwandt sind.
- Nein, Wagen 13, ich habe Sie nicht vergessen.
- Wagen 11, ich höre. Sie sind wer? Der Fahrgast. Wo ist der Fahrer?
- Wieso haben Sie den Fahrer rausgeschmissen?
- Moment, Telefon. Taxiruf Kiel. Eine Pizza Salami. Nein, hier ist nicht … keine Ursache. Wiederhören.
- Wagen 11, sind Sie noch dran? Worüber haben Sie sich denn mit dem Fahrer gestritten?
- Wagen 15, ja? Ist mir egal, ob Trellegrond schwedisch klingt. Und wenn er biblischer Herkunft ist, ist es mir Wurscht. Sie sollen die nur abholen!
- Wagen 11, lassen Sie sofort wieder den Fahrer … hinein … Nein, Sie dürfen nicht selbst fahren. Nein, Wagen 11. Nein, dazu benötigen Sie einen Taxischein. Jetzt lassen Sie den Fahrer …
- Wie bitte? Nein, das kleine Seepferdchen reicht nicht, tut mir leid.
- Ja, Wagen 7? Ihnen ist nicht mehr schlecht? Schön zu hören … Sie haben was? Sich Mut angetrunken?
- Wagen 4! Wissen Sie jetzt, wo Sie sind? Nein? Soll ich Ihnen vielleicht ein Taxi rufen?
- Nein, Wagen 13, ich habe Sie nicht vergessen!
- Wagen 7? Hören Sie, Wagen 7, Sie dürfen mit Alkohol nicht mehr … Wie bitte?
- Nein, Sie können das Auto auch nicht rot anmalen. Nein, auf keinen Fall. Nein, auch nicht nur unten herum.
Nein, Wagen 15, ich habe die Bibel nicht gelesen und ich

weiß auch nicht, ob Trellegrond in der Bibel vorkommt, nein.
- Wagen 11. Sie lassen jetzt sofort den Fahrer wieder rein!
- Was? Nein. Nein, Sie lassen den Fahrer augenblicklich …
Nein, ich werde nicht. Nein.
- Okay, bitte, bitte.
- Moment, Telefon. Taxiruf Kiel. Auch keine Pizza Funghi, nein.
Genau. Tschüß.
- Wagen 16, ich höre. Einen Unfall? Gibt es Verletzte? Ein
Schwan?
- Ich verstehe …, einen Schwan überfahren … Zwei was?
Nein, Schwäne haben keine zwei Hälse.
- Ganz sicher!
- Gute Idee, sehen Sie mal nach, Wagen 16.
- Hallo Wagen 7? Nein, auch nicht grün! Sie dürfen das Taxi
gar nicht anmalen!
- Sie würden lieber ein Feuerwehrauto sein? Wagen 7, was
haben sie geraucht?
- Nein, Wagen 15. Die Stadt heißt Trelleborg, nicht Trelle-
grond. Sie sollen die Leute nur abholen, keine persönliche Be-
ziehung zu denen aufbauen.
- Ja, Wagen 16. Kein Schwan. Sie haben was überfahren? Ei-
nen alten Wollpullover.
- Ja, Wagen 13, ich habe Sie nicht vergessen, aber Sie sind
auf dem falschen Kanal. Wir haben keinen Wagen 13! Sie gehören zu „Kiel-Taxi", wie sind aber „Taxiruf Kiel"
- Ja, dumm gelaufen.
- Moment, Telefon. Taxiruf Kiel, guten Abend. Nein. Nicht Piz-
zaservice! Taxiservice! Pizza ist das Runde. Taxi das Eckige!

So in der Art waren die Nächte und Kowalski lümmelte in dem
fetten Sessel und lachte immer in die kleinen Melitta-Gefrierbeutel, nahm einen Tiefen Zug vom Joint, blies den Rauch in die
Beutel, verschloss diese dann säuberlich und machte dasselbe
mit den anderen. Die verkaufe er in der Disco. Geile Geschäftsidee.
„Die Leute stehen voll auf dieses Lachgas", schwor Kowalski.

Also kaputt ist die nicht.
Rufst Du deshalb etwa jemanden an?
Quatsch. Die Glühbirne braucht Strom, wie wir Luft zum Atmen. Ohne Strom ist die tot.
Da weiß ich, was zu tun ist.

ENGEL IN EIGELB

Ich hege eine tiefe Verbundenheit zum ADAC.
Mein erstes Erlebnis mit den „Gelben Engeln" hatte ich im Alter von sieben Jahren.
Meine Mutter fuhr seinerzeit einen 1300er Käfer. Postgelb, mit der Rolle lackiert. Hatte mein Opa gemacht.
Rückwirkend betrachtet, sah es eigentlich ein bisschen so aus wie ranzige Mayonnaise, aber wir nannten ihn liebevoll „Postkäfer".
Ich ließ immer über Nacht die Seitenscheiben einen Spalt breit offen, in der Hoffnung, jemand würde einen Brief einwerfen.
Aber das Einzige, was ich fand, waren alte Kaugummis und einmal den Rest einer Bockwurst, samt Pappteller und getrocknetem Senf, der eher aussah wie Marderdünnschiss.
Ich glaube, ich bekam damals einen guten Eindruck von dem, was die Leute so in Briefkästen werfen.

Der Käfer war einer von denen, der lief und lief und lief, und so begleitete er uns über viele Jahre. Ich war in unseren Käfer verliebt.
Zwar waren die Trittbretter rostig und krümelten wie ein alter Tuc-Cracker. Das Quietschen der Türen erinnerte an eine rollige Katze und die durchgesessene Rückbank gab einem das Gefühl, man sitze auf einer ausgedrückten Zahnpastatube.
Ach ja, und die Beifahrertür ließ sich nicht mehr von innen öffnen.
Aber all das störte mich nicht.
Wie oft saß ich hinterm Steuer, wenn er vor der Tür parkte, und

kutschierte mich selbst durch die Stadt, fuhr halsbrecherische Verfolgungsjagden durch die Straßen von San Francisco oder durchs wilde Kurdistan.

Meine Mutter wusste immer sofort, ob ich wieder gefahren war. Ich hinterließ meine Speichelspuren auf dem Tacho, dem Lenkrad und der Windschutzscheibe.

Bei den fiktiven Verbrecherjagden versprühte ich besonders viel Spucke durch meine vibrierenden Lippen, um den Motor auf Touren zu kriegen.

Auch wenn ich mit sieben noch keinen Führerschein hatte, so war ich dennoch ein gewissenhafter Fahrer, denn irgendwann, ich war gerade mit Kojak auf Gangsterjagd durch die Straßen von Sie wissen schon, bemerkte ich plötzlich meine Mutter an der Seitenscheibe. Sie lachte schallend und machte mich darauf aufmerksam, dass ich bei Verfolgungsjagden keinen Blinker benutzen müsse.

Ich war wahrscheinlich der einzige Einsatzwagen in San Francisco, der blinkte, in den Rückspiegel schaute und einen prüfenden Blick über die linke Schulter warf, wenn er einen Drogendealer jagte.

Sie gab mir einen dicken Schmatzer auf die Wange und sagte: „Gott, bist du süß!"

„Mutti, bitte!", sagte ich. „Nicht jetzt. Ich bin im Dienst!"

Der mayonnaisefarbene Käfer brachte mich auf meinen Parkplatzreisen in fremde Länder, in pulsierende Großstädte, zu vergessenen Kulturen, aber leider nie zu meiner Lieblingsimbissbude am Blücherplatz.

Die besten Pommes mit Ketchup für 'ne Mark zwanzig.

Dennoch war der Käfer aber auch für den peinlichsten Auftritt meiner Schulzeit verantwortlich.

Ich war zu spät, hatte verschlafen. Also eigentlich hatte nicht ich, sondern meine Mutter verschlafen.

Da alles aus irgendeinem Grund schnell gehen sollte, streifte sich meine Mutter ihren rosaroten Frotteebademantel über, verfrachtete mich in den Käfer und raste in Richtung Gymnasium.

Erster Boxenstopp: Bäckerei Dietz am Blücherplatz. Kakaotüte und Himbeerschnitte vom Vortag in weniger als 45 Sekunden.

Endspurt.

Auf den letzten Metern stopfte sie mir die halbe Himbeer-Sahneschnitte in den Mund.

„Hier! Frühstück!"

„Mmammpf!" würgte ich dankend hervor.

Dieses Himbeerding breitete sich in meinem Mund aus wie Bauschaum. Da saß ich im Käfer und machte dicke Backen. Das Schlucken dieser fiesen Himbeerschnitte gestaltete sich als Herausforderung. Man sollte eine Disziplin bei den Bundesjugendspielen daraus machen, dachte ich mir, während ich mich beschwerte, dass Sahne an meinem Kinn und meiner Nase klebte.

„Stell dich nicht so an, ist doch nur Sahne, Mann!" entgegnete meine Mutter und musste augenblicklich über diese Wortkreation lachen.

„Das reimt sich!" Sie freute sich über ihren zufällig entstandenen Reim, wie eine Katze über einen leeren Karton.

„Toll!", sagte ich. „Das macht's jetzt auch nicht leichter."

Meine Mutter bremste lachend vor dem Haupteingang.

Zum Glück – für den Rest der Schule – kamen wir genau gleichzeitig mit dem letzten Bus an.

Die Mayonnaisekugel war ohnehin schon auffällig genug, aber als dann meine Mutter im rosaroten Frotteebademantel lachend aus der Fahrertür flog, um den Käfer herumwirbelte, die Beifahrertür öffnete, war das der erste Flashmob, den ich je erlebt habe.

In dem rosaroten Bademantel sah sie aus wie ein fetter gebratener Flamingo auf Speed.

Alle standen still und starrten mich an.

Natürlich war es die berühmte Ruhe vor dem Orkan. Denn als meine Mutter wie eine kichernde Gazelle wieder zur Fahrerseite flitzte, hüpfte ihr unbemerkt die linke Brust aus dem Frotteemantel. Sie rief mir laut nach:

„Bussi, mein Sahnemann!"

Das Gelächter glich einer Horde angesoffener Hyänen auf dem Oktoberfest.

Für den Rest meiner Schultage wurde ich immer wieder daran erinnert, dass ich der Sahnemann war, der beim Autofahren noch die Mutterbrust bekam.

Aber zurück zum ADAC.

Sommerferien. Heißer Julitag. Temperaturen wie in der Grillschale.

Wir waren auf dem Weg nach Österreich. Meine Schwester nervte wie eine lästige Mücke.

Sie zog eine imaginäre Linie mittig auf der Rücksitzbank und meinte, keine von meinen Sachen dürfe diese Linie überschreiten.

Ich ignorierte ihre Grenzsicherung absichtlich. Nicht, dass ich sie ärgern wollte. Schon damals war ich ein Verfechter der offenen Grenzen, lange bevor es Schengen überhaupt gab.

Immer wieder schob sie meine Hand, meine Comics oder Matchboxautos zurück auf meine Seite und schimpfte.

„Das ist meine Seite!"

Ich reagierte mit einem reifen und erwachsenen klingenden: „Bäbäbä!"

„Wenn du nicht gleich aufhörst, dann lass ich das Auto anhalten und wir fahren kein Stück weiter", drohte sie und fuchtelte zur Untermauerung ihrer Drohung mit dem Zeigefinger, als ob sie mit einem Zauberstab hantierte.

„Ach ja? Und wie machst du das?"

„Zauberei!", sagte sie mit der Autorität einer Tüte Milch.

„Du kannst ja noch nicht einmal das ABC!", hänselte ich sie. Sie hatte gerade ihr letztes Kindergartenjahr absolviert und stand nach dem Sommer vor der Einschulung.

„Kann ich wohl!"

„Na, dann los!"

„Ich hab keine Lust auf so 'n Kinderkram"!

„Weil du's nicht kannst! Und so eine will zaubern!", gängelte ich sie weiter.

„Hör sofort auf damit, oder ich mach's!" Ihr Zeigefinger krümmte sich wie ein fleischfarbener Angelhaken.

„Mach doch, mach doch, wenn du kannst!" Ich hüpfte auf der Rückbank auf und ab.

„Du hast es so gewollt!" Sie schrieb mit ihrem Zeigefinger ein Wort in die Luft, das ich nicht verstand oder vielleicht auch falsch buchstabiert hatte. Ich las jedenfalls:
ZGRENTIFUS
Nichts passierte. Wie sollte es auch?

Ich wusste ja, dass meine Schwester nicht zaubern konnte, und lachte sie aus, hielt aber inne, als der Käfer plötzlich wie eine verzweifelte Kaffeemühle klang und sich nach drei kurzen Hopsern der Stille und Meditation hingab.

Tot. Aus. Nix ging mehr.

Meine Schwester und ich sahen uns überrascht mit langspielplattengroßen Augen an.

„Au backe!", flüsterte sie.

„Wie hast du …?", ich stockte.

Meine Mutter fluchte und ließ den Käfer auf dem Standstreifen ausrollen.

Sie hob uns über die Leitplanke und wir wanderten auf einer Wiese an der Autobahn zur nächsten Notrufsäule. Sie rief den ADAC.

„Wer ist der ADAC?", fragte ich neugierig. Von dem hatte ich noch nie gehört.

„Sei still, ich versteh' sonst nichts!", herrschte sie mich an. Es war laut neben der Autobahn. „Frag' deine Schwester, die weiß das!"

„Mutti, ruft ihre Engel. Die sind eigelb!", sagte sie.

Da wusste ich, meine Schwester kann doch nicht zaubern. Eigelbe Engel. So ein Quatsch.

„Ja, klar und du bist die Kaiserin von Monopoly."

Ich war fett von den Socken, als nach einer guten Stunde ein ähnlich gelber Käfer, wie der Unsere hinter uns auf dem Pannenstreifen nahte.

Der Mann hatte einen gelb-schwarz gestreiften Overall an und

erinnerte mich ein wenig an Willy, den schwerfälligen Kumpel der Biene Maja.
Während er am Motor unseres Wagens vor sich hinbrummelte, fragte ich ihn, ob er ein gelber Engel sei. Er lachte ungeniert und strich mir gönnerhaft über den Kopf.
„Viele Leute sagen, mich schicke der Himmel oder die gute Fee."
Meine Schwester war durch und durch durchtrieben. Sie grinste den Bienenmann an und sagte.
„Manchmal ist doch auch Zauberei im Spiel oder nicht?"
Er nickte. „Bei vielen Autos weiß ich nicht, warum sie stehen bleiben. Ist wie von Zauberhand."
Jetzt war ich doch wieder überzeugt, dass meine Schwerer etwas damit zu tun gehabt hatte. Ich versuchte, meiner Mutter die Wahrheit zu erzählen, aber die winkte ab und sagte nur.
„Ist schon gut, Kojak!"
Nun lag es einzig an mir, ob wir unsere Reise fortsetzen konnten oder nicht. Ich sicherte meiner Schwester zu, für den Rest der Fahrt ihre Grenze auf der Mitte der Rückbank zu akzeptieren.
Sie grübelte kurz. Ließ mich zappeln.
„Nicht nur für den Rest der Fahrt, für den Rest der Sommerferien!", forderte sie.
„Von mir aus." Ich gab klein bei.
Sie grinste wie der Fuchs, der das Huhn überredet hatte, über Nacht zu bleiben.
„Ah, da haben wir's ja!", tönte es unter der aufgeklappten Motorhaube des Käfers. Er hielt einen kleinen Plastikzylinder in der Hand. „Ihr Benzinfilter. Total zu." Im Handumdrehen hatte er das Ding gereinigt und als Mutti den Schlüssel herumdrehte, lief der Käfer wieder, als ob nichts gewesen sei.
„Wie von Zauberhand!", stotterte ich.
Der dicke gelbe Engel zeigte seine Zähne, die mit der Farbe seines Overalls harmonierten.
Erst sehr viel später wurde mir klar, dass die Panne und der ADAC-Mann nichts mit der Zauberei meiner Schwester zu tun hatten.

Bis heute übrigens habe ich noch nie eine Engelin im Einsatz gesehen. Engel muss also ein typischer Männerberuf sein.

Seit über 30 Jahren bin ich nun Mitglied im ADAC. Ich habe damals meinen Führerschein vom ADAC bekommen. Nein. Das war's nicht. Führerschein machte man damals ja noch im Lotto.

Mein Abitur habe ich vom ADAC und das war … Nein, auch nicht. Quatsch. Mein Abitur habe ich wie jeder normale Mensch auch bei der CDU abgeschrieben.

Meinen Schutzbrief habe ich vom ADAC. Ja, das war's. Der Schutzbrief. Ich bezahle dafür aber auch regelmäßig Schutzgeld. Der ADAC und ich, wir haben quasi eine Partnerschaft, länger als alle Ehen, die ich bisher so durchgehalten habe. Vielleicht hat es damit zu tun, dass der ADAC sich eher im Hintergrund hält und nur kommt, wenn ich ihn rufe.

Obwohl, mein letztes Erlebnis mit dem Pannennotruf war von, sagen wir mal Seltsamkeit geprägt.

A210 Richtung Kiel.

Eine Autobahn zum Dahindonnern. Nix los.

Von einer Pinkelpause kommend – seitdem ich die 50 überschritten habe, fahre ich öfter rechts ran als früher – polterte es auf dem Beschleunigungsreifen und schneller als ich „Der Hase hat 'ne kleine Blase" sagen konnte, hatte sich das Hinterrad gelockert, überholte mich und landete im Straßengraben.

Das erste Wort, das mir einfiel, war:

„Hühnerkacke!"

Die Assoziation des Wortes mit der vorliegenden Pannensituation entzieht sich jedweder Vernunft und auch mit viel Nachdenken und Stirnrunzeln kam ich nicht drauf.

Egal. Handy raus und ADAC anrufen.

„ADAC-Pannennotruf, wie kann ich Ihnen helfen?" Die freundlich geschulte Stimme klang nach federleichtem Badeschaum.

„Tomkins. Guten Tag. Ich steh' hier auf der Autobahn und bei mir ist ein Rad ab."

Sie kicherte kurz. „Das tut mir leid." Die ersten Schaumblasen platzten.

„Ja, mir auch. Was jetzt?" Ich war im allgemeinen Pannendialog nicht erfahren. Zu selten hatte ich eine.

„Ich bin keine Expertin, aber ich würde da eher die Telefonseelsorge oder die Psychatriehotline anrufen." Plötzlich klang die Stimme nur noch nach kaltem Badewasser.

„Sie verstehen mich nicht. Bei mir war 'ne Schraube locker und jetzt hab ich 'n Rad ab!"

„Doch, je länger ich Ihnen zuhöre, desto mehr verstehe ich."

„Na gut. Und jetzt?"

„Hier ist der Pannennotruf." klärte sie mich erneut auf.

„Ich weiß, wen ich anrufe!" Ich wurde langsam ungeduldig wie ein Hamster im Laufrad. „Sie sollen mir jetzt da raus helfen!"

„Diese Nummer sollten Sie nur anrufen, wenn Sie liegen geblieben sind."

„Gute Frau", quakte ich. „Es ist halb drei nachmittags. Wenn ich heute Morgen liegen geblieben wäre, säße ich jetzt nicht hier und müsste dieses Telefonat führen."

„Natürlich, wenn Sie am Straßenrand liegen bleiben.", klärte sie mich auf.

Konnte das wahr sein? Entweder ist das hier versteckte Kamera oder die Tussi am anderen Ende war so blöd wie eine Vorteilspackung Vollwaschmittel.

„Gute Frau. Jetzt noch mal ganz langsam. Ich bin nicht bekloppt. Ich hab' ein Rad ab und zwar am Auto. Mein Wagen hat ein Rad ab!"

„Ah!", rief sie, die Situation begreifend. „Ihr Auto ist bekloppt!"

„So kann man's auch ausdrücken!" Vollwaschmittel ist intelligenter als die, dachte ich mir.

„Was für einen Typ Wagen fahren Sie?"

Jetzt war ich dran. Ich spielte mein Spiel. „Ein Dreirad!", antworte ich.

„D-r-e-i-r-a-d", hörte ich sie langsam wiederholend sagen. Sie tippte es in den Computer. Ich war fassungslos.

„Haben Sie die Unfallstelle gesichert?" Ich merkte, sie ging ihren Fragenkatalog durch, ohne wirklich auf die Antworten zu hören.

„Wieso gesichert. Wer klaut denn schon 'ne Unfallstelle? Ja, natürlich hab' ich das!"

Unermüdlich, wie eine Made durch den Speck, arbeitete sie sich durch das Fragenprotokoll. „Haben Sie eine Pannenweste angezogen, damit Sie auf der Straße auffallen?"

„Leider hatte ich keine Pannenweste, aber ich habe mir eine grüne Perücke und Netzstrümpfe angezogen und so dick Lippenstift aufgelegt, dass meine Unterlippe fast unterm Kinn hängt.", antwortete ich. „Glauben Sie mir, ich falle auf!"

„Möchten Sie, dass ich Ihnen einen unserer Fahrer vorbeischicke, der sie abschleppt?"

„Nur weil ich diesen Fummel trage, heißt das noch lange nicht, dass ich mich von jedem Dahergelaufenen auf der Straße anbaggern lasse. Ich bin verheiratet und hetero!" Ich spielte Entrüstung.

„Gut, ich werde alles veranlassen. Soll der Fahrer vielleicht Sprit mitbringen?"

„Och, wenn Sie mich so fragen. Gegen einen Ouzo am Straßenrand hätte ich nichts einzuwenden."

Gute eineinhalb Stunden später rollte ein Pannenfahrzeug vom ADAC auf den Standstreifen. Der Fahrer blickte sich suchend um. Ich winkte ihn heran.

„Haben Sie uns angerufen?", fragte er, während er die Seitenscheibe herunterließ.

„Ganz genau!"

„Wissen Sie", fuhr der ADAC-Fahrer fort. „Man sagte mir, hier draußen stehe jemand in Netzstrümpfen, grünen Haaren und einem Dreirad, der unbedingt einen Ouzo kippen will, aber ich solle ihn nicht abschleppen, denn er sei hetero."

Ich sah ihn ernst an und antwortete:

„Sehen Sie, das kommt davon, wenn man zu lange mit einer Packung Vollwaschmittel telefoniert!"
Und während er einen Gang einlegte und wieder losfuhr, rief er:
„Sie haben doch 'n Rad ab!"

MUTTI

Aufgewachsen bin ich in einem Elternhaus, in dem Witzigsein nicht unbedingt lustig war. Witzig zu sein wurde mir weder mit in die Wiege gelegt, noch habe ich es mit der Muttermilch aufgesogen. Humor zu erlernen ist eine ernsthafte Angelegenheit und erfordert viel Disziplin. Der Besitz von Humor wird nicht durch ein Zeugnis, eine Urkunde oder einen Ausweis bestätigt. Außer vielleicht durch den Spionageausweis aus dem YPS-Heft. Wenn Sie den vorzeigen, kann man davon ausgehen, dass Sie entweder Humor besitzen oder sich morgens die Kühlschranktür an den Kopf geschlagen haben.

Humor ist ganz entscheidend für die Betrachtungsweise Ihrer Umwelt.

Ich las kürzlich einen Artikel in der Zeitung mit der Überschrift:

Hund rettet Frauchen das Leben.

Es ging um eine alte Dame, die ihr Leben ihrem Hund verdankte. Nachts hatte ihr Haus Feuer gefangen. Der Dachstuhl brannte bereits. Ihr Hund wich nicht von ihrer Seite. Er bellte, kläffte und zerrte so lange an ihrem Bett, bis die Dame aufwachte. So konnten beide noch rechtzeitig aus den Flammen entkommen.

Ich möchte der Dame und allen Hundefreunden nicht die Illusion rauben, aber die Geschichte wäre ganz anders ausgegangen, hätte der Hund gewusst, wie man eine Türklinke benutzt.

Sehen Sie, Humor hat etwas mit der Betrachtungsweise zu tun. Wenn eine schwangere Frau beim Bäcker sagt, sie bekomme ein Brot, dann kann man sich keine Gedanken darüber machen oder man denkt sich: Was es heutzutage doch alles gibt. Oder sie konstruieren aus einer vorhanden alltäglichen Situation eine neue fiktive Situation.

Nehmen wir den Wetterbericht. Jeder kennt das. Die Wetterfee erzählt Ihnen das Wetter von morgen. Was aber, wenn die Wetterfee falsch liegt und am nächsten Tag auf ihre gestrige Wettervorhersage für heute eingeht?

Gestern präsentierte ich Ihnen das Wetter von morgen, das ich aber heute korrigieren möchte, denn heute hat sich das Wetter von morgen von gestern als unkorrekt erwiesen. Daher möchte ich mein Wetter für morgen von gestern korrigieren. Heute scheint entgegen der Wettervorhersage von gestern für morgen nicht die Sonne. Die Sonne scheint nämlich erst morgen. Das heißt also, das Wetter von morgen von gestern war eigentlich das Wetter von morgen von heute.

Und jetzt benötigen Sie noch eine Portion Vorstellungskraft und Phantasie.

Stellen Sie sich die Wetterfee vor, die von RTL heißt, glaube ich, Maxi Biewer, wie sie vor der Wetterkarte steht und diesen Text in die Kamera spricht. Dann entsteht Humor.

Wenn er bei Ihnen jetzt nicht entsteht, dann erinnern Sie sich bitte der alten Weisheit: Humor ist, wenn man trotzdem lacht.

Zu allererst müssen Sie lernen, über sich selbst zu lachen, und daran scheitern schon die meisten und geben auf, bevor sie richtig angefangen haben.

Meine Mutter zum Beispiel behandelte Humor wie Bargeld, sie sparte es sich und hätten Sie meinen Vater gefragt, ob er Humor habe, so hätte er geantwortet:

„Das weiß ich nicht so genau, um solche Sachen kümmert sich meine Frau!"

Irgendwann habe ich mal aufgeschnappt, dass sich einer totgelacht habe. Da dachte ich mir, so wichtig ist es mir nun auch wieder nicht und ließ das Witzigsein erst einmal bleiben.

Außerdem bin ich mit Sätzen in meiner Kindheit groß geworden, wie:

„Freundchen, werd' mal nicht komisch!"
oder:
„Freundchen, gleich ist Schluss mit lustig!"
Und immer wieder hörte ich auch den Satz:
„Das Lachen, Freundchen, wird dir gleich vergehen!"
Bis ich elf Jahre alt war, war ich der festen Überzeugung, ich hieße Freundchen.

Meine Mutter gehörte zu den Menschen auf der Welt, denen Flecken den ganzen Tag vermiesen konnten.
Ein Fleck auf dem Sofa und die Woche war gelaufen. Dann saß ich den Rest der Woche vor dem Fernseher nur noch auf dem Fußboden und mein Vater bekam auf dem Sofa ein Handtuch drunter gelegt. Für meinen Vater muss es grenzwertig beschämend gewesen sein, aber er quittierte die Reinlichkeitsreligion meiner Mutter mit seinem eigenen Humor, der mir erst später bewusst wurde.
Mein Vater hatte eine eigene Waffe im Kampf mit meiner Mutter gefunden. Eine Waffe, die er mit Humor einsetzte.
Wir saßen im Wohnzimmer, sahen uns ein Fotoalbum an. Er auf dem Handtuch, ich auf dem Fußboden. Wir hatten drei Tage zuvor einen Fettfleck, der von Kartoffelchips herrührte, auf dem Sofa platziert.
Meine Mutter rief aus der Küche.
„Manfred."
Mein Vater schaute nicht auf und blätterte weiter im Fotoalbum.
Sie rief erneut:
„Manfred!"
Ich sah meinen Vater an.
Er schaute nicht auf, wandte den Blick nicht vom Fotoalbum ab, zeigte auf ein Foto und hielt es mir hin.
Meine Mutter rief erneut aus der Küche. Diesmal lauter.
„Manfred!", man konnte die Entschlossenheit an der aggressiven Betonung der ersten Silbe heraushören.
Mein Vater reagierte nicht. Ich rieb mir die Augen.
Dann entlud sich ein Audiovulkan in der Küche.

„Maaaanfreeed!" Die Buchstaben rollten mit der Kraft heißer Lava aus der Küche heran und fraßen sich gierig über den Wohnzimmerteppich zum Sofa. Ich konnte die Halsschlagader meiner Mutter in der Küche pochen hören. Wie bedrohliche Buschtrommeln hallten sie durch die Wohnung. Mein Vater reagierte nicht. Und dann stand sie da. Gefühlt füllte sie den Türrahmen aus und im Gegenlicht der Küchenlampe konnte ich zwei Hörner aus ihrer Frisur wachsen sehen. Ihr Gesicht verzerrt wie ein Fernsehbild, schrie sie meinen Vater an. „Manfred! Ich rufe dich jetzt schon zum fünften Mal!" Mein Vater drehte sich um, hatte das beste entschuldigende Lächeln auf dem Gesicht, das ich je gesehen hatte und sagte liebevoll: „Liebling, ich habe dich nicht gehört", während er fast schon erklärend mit dem Zeigefinger in seinem Ohr rührte. Meine Mutter wusste, dass er sie gehört hatte, aber sie konnte es nicht beweisen. Das brachte sie zur Weißglut und mein Vater saß entspannt auf seinem Handtuch und lachte sich ins Fäustchen.

Die Herrschaft meiner Mutter war in gewisser Weise schon sehr von häuslicher Reinlichkeitsdominanz geprägt. Während meine Superhelden Batman und Superman waren, mein Vater sich Beckenbauer und Muhammad Ali als Helden aussuchte, himmelte meine Mutter Meister Propper und den heiligen Domestos an. In jungen Jahren, als mir durch die fehlende Werbung im Fernsehen die Namensgebung bei Putzmitteln noch nicht so geläufig war, dachte ich immer, das muss irgend so ein griechischer Held aus der Odysseus-Sage sein, wenn mein Mutter die Hände über dem Kopf zusammenschlug und rief: „Da hilft nur noch Domestos." Dieser Domestos hatte es bei uns nicht leicht. War ständig im Einsatz, denn Flecken waren für meine Mutter der Weltuntergang.

Ach, was rede ich da? Flecken waren der Antichrist. Wie oft habe ich sie vom Fleckenteufel reden hören.

Mein Vater und ich, wir haben zuhause Sätze gehört, wie:

„Leg das wieder hin, das gibt Flecken!"

„Nein, das essen wir nicht, das gibt Flecken!"

Der Standardsatz meiner Mutter lautete:

„NEIN, das macht FLECKEN!"

Gott sei Dank, hat mein Vater sich zumindest einmal durchgesetzt, sonst hätte ich niemals das Licht der Welt erblickt.

Rückblickend betrachtet bestand der Tagesablauf meiner Mutter aus Wischen, Saugen und Lüften.

Meine Mutter ist der Typ Mensch, der die Saunatür aufreißt und sagt:

„Hier gehört mal ordentlich durchgelüftet!"

Im Restaurant nimmt sie sich auch gern mal Lappen und Eimer und wischt den Tisch mit den Worten „Dann ist es wenigstens richtig gemacht!" selbst ab. Man muss aufpassen, dass sie nicht gleich am nächsten Tisch weitermacht, dann hat sie nämlich Ruck-Zuck das ganze Restaurant gewischt.

Zur Schulfeier hat meine Mutter, wie auch andere Eltern, die Schulaula geschmückt und geputzt.

Die Tanzfläche für die Teenie-Disco hat sie wie in Trance gebohnert und poliert und als alles blitzblank war, hat sie die Tanzfläche mit Absperrband gesperrt, damit keine Flecken drauf kommen.

Wir haben auf der Schulfeier zwar nicht getanzt, konnten aber dafür die polierte Tanzfläche bestaunen, denn meine Mutter hielt am Absperrband mit einem Swiffer im Anschlag Wache.

CSI Mama sag' ich da nur!

Neben der Fleckenphobie litt meine Mutter auch unter Flugangst.

Ein einziges Mal in ihrem Leben ist sie geflogen, danach stand für sie fest: Sie fliegt nie wieder. Sie bleibt lieber hier auf der Erde. Da ist es am sichersten.

Wie oft habe ich meiner Mutter zu erklären versucht:

„Das gefährliche am Fliegen überhaupt, ist die Erde!"
Aber meine Mutter hat nie begriffen, was ich damit meinte.
Mein Vater steuerte trocken die Bemerkung bei:
„Fliegen ist sicher, vorausgesetzt du landest genauso oft wie du startest!"
Das stachelte meine Mutter nur noch mehr an.
Fluggesellschaften sei nicht zu trauen. Wenn sie dir das Ticket verkaufen, fällt kein Wort über die Sicherheitshinweise, die nichts anderes bedeuten, als: Es könnte schon etwas passieren. Meine Mutter jedenfalls bestieg in ihrem Leben nie wieder ein Flugzeug. Wenn man sie auf ihre Flugangst ansprach, bestritt sie mit der Selbstsicherheit eines Senkbleis, dass sie Flugangst habe. Wenn überhaupt nur Absturzangst. Gegen das Fliegen habe sie nichts, gegen das Abstürzen sträube sie sich aber.
Und dann kam immer dieses entwaffnende Argument meiner Mutter, sie habe auch keine Tauchangst und fahre dennoch nicht U-Boot.

Mein Vater hat sich dieses U-Boot-Argument irgendwann zunutze gemacht. Er rauchte liebend gern Pfeife. Im Grunde genommen rauchte er sie gar nicht wirklich, sondern ließ sie nur glimmen und qualmen, was meine Mutter zur Weißglut brachte.
„Manfred, du sollst nicht immer so viel rauchen."
„Ich rauche gar nicht."
„Du hast doch eine Pfeife im Mund, oder nicht?" Ihre Stimme signalisierte das Ende ihrer Geduld.
„Ich trage ja auch Schuhe und laufe gar nicht." Da war das U-Boot-Argument und meine Mutter war dagegen hilflos.
Der süßliche Geruch der Pfeife verzückte ihn und ich glaube einfach, dass er an der Vorstellung Gefallen fand, mit Pfeife hätte er etwas von Sherlock Holmes, Albert Einstein und einem intellektuellen Schriftsteller.
Meine Mutter hingegen sagte, er sehe aus wie Lukas, der Lokomotivführer.
„Und wenn du dem", sie zeigte auf mich, „das Gesicht

schwärzt, seid ihr Jim Knopf und Lukas der Lokomotivführer. Aber wehe, ihr macht hier die Wilde Dreizehn, das gibt sonst noch Flecken."

Natürlich gibt es viel mehr über meine Mutter zu erzählen, als ein paar schnöde Seiten, aber das hebe ich mir für ein anderes Buch auf.

Meine Mutter ist mit 67 gestorben. Viel zu jung, aber dafür einfach. Ohne langwierigen Krankenhausaufenthalt, ohne schwere Krankheit oder körperliche Gebrechen.

Sie ist einfach morgens in den Garten hinausgegangen und umgefallen. Sofort tot. Hat nichts gespürt.

Sowas wünsche ich eigentlich jedem. Ohne Schmerzen, einfach tot.

Ich habe lange über den Tod nachgedacht und bin zu dem Schluss gekommen, dass der Tod so etwas ist, wie ein Gleichnis.

Wenn ich am Hafen stehe und einem Schiff zusehe, wie es ausläuft, immer kleiner wird und schließlich am Horizont verschwindet, dann könnte man sagen: Jetzt ist es weg.

Das Schiff aber, das da hinaussegelt und immer kleiner wird, ist immer noch genauso groß wie vorher. Dass das Schiff kleiner wird, liegt nur an mir. Daran, dass ich hier am Hafen stehe und nicht mitfahre.

Und vielleicht ist es ja so, dass es in dem Moment, in dem es verschwindet, auf der anderen Seite auftaucht und jemand freudig erregt ruft:

„Da kommt es!"

Insofern bin ich beruhigt, dass jemand auf meine Mutter gewartet hat.

DAS SANIFAIR-KARUSSELL

Ein Sprichwort sagt: „Laufen hilft, schnell zu sein". Und das musste ich sein. Schnell.

Schnell aufs Klo.

Denn in meinem Darm hatte sich gewaltiger Druck aufgebaut. Bösartiger grauer Regen prasselte wütend auf das Blechdach meines roten Bullis, der sich mit 100 Sachen, ächzend wie eine alte Windmühle, die Kasseler Berge hochschleppte.

Wieso ist man eigentlich trotz schneller Autos, Flugzeuge und ICE-Züge dennoch zu spät dran, schoss es mir durch den Kopf. Früher, in Zeiten des Pferdefuhrwerks, da konnte man sich leicht mal um ein, zwei Tage verspäten, aber in der modernen zivilisierten Welt mit all ihren Fortbewegungsmöglichkeiten?

Ich glaube, dass wir noch zu spät kommen werden, wenn das Beamen schon längst erfunden sein wird. Denn das Wesen der Verspätung liegt im Menschen und nicht in der Fortbewegungsart.

Aber genug vom sinnfreien Philosophieren.

Es schüttete wie aus Fässern und ich musste aufs Klo. Und zwar dringend und richtig.

Das Gaspedal lag bereits am Anschlag auf, also presste ich die Zehen etwas zusammen, um das Gefühl zu haben, noch schneller zu werden.

Wenn nicht bald eine Raststätte käme, dann … ich wollte mir nicht vorstellen, was dann passieren würde.

Einfach so an einem Rastplatz ins Gebüsch schied aus. Zum einen wäre ich nach 30 Sekunden durchnässt und zum anderen fehlte es an Taschentüchern oder ähnlichem.

Ein blaues Schild tauchte aus der Wasserwand vor mir auf.
„Nächste Raststätte 5 km".
Sie glauben gar nicht, wie lang fünf Kilometer sein können.
Ich versuchte, mich abzulenken. Sang „I'm singing in the rain"
vor mich hin, pfiff einige Passagen, zu denen ich den Text nicht
kannte, hüpfte auf dem Sitz auf und ab. Es half nichts, ich hatte
das schlechte Gefühl, ich würde es nicht rechtzeitig schaffen.
Also stellte ich mir vor meinem inneren Auge ein Bild vor.
Thema: Festhalten.
Ich stellte mir vor, wie ich zwei schwere Einkaufstüten die Treppen
hochschleppte. Ja nicht fallen lassen, sonst ist der Einkauf
hin, sagte ich im Stillen vor mich hin. Festhalten. Schön festhalten.
Dann war ich Bergsteiger, hielt mich am Seil über dem Abgrund
fest. Festhalten, sonst fällst du in den sicheren Tod. Festhalten.
Obwohl mir heute das Thema Seilen irgendwie falsch
vorkommt. Na ja, gehen wir nicht ins Detail.
Noch 500 Meter. Die Ausfahrt kam in Sichtweite.
Mich kümmerte kein Geschwindigkeitshinweis. Ich raste rechts
raus, der Bulli sprang kurz vor der Tankstelle schwerfällig über
die Bodenschwellen. Ich stieß mir meinen Kopf. Egal.
Kurz vor dem WC-Schild kam ich zum Stehen. Am liebsten wäre
ich direkt durch die Tür aufs Klo gefahren.
Schlüssel raus, Tür aufgestoßen und losgesprintet, so gut es
ging. Denn, wenn der Darm drückt, läuft man eher so als jogge
man im engen Korsett mit Presswehen.
Ich stürzte um die Ecke und da war sie: Die Sanifair-Kontrollschleuse.
Leuchtend blau, wie eine futuristische Zollstation erhob
sie sich vor mir.
Für mich das Tor zur Erleichterung. Ein kurzer prüfender Griff in
die Taschen meiner Steppweste: Kein Kleingeld.
Komm, scheiß drauf, dachte ich mir und meinte es auch und
duckte mich kurz abbremsend unter dem Kindereingang hindurch.
Der Kindereingang bei den Sanifairschleuesen war das Negativ
zu einem Kinderpuzzleteil.
Ich war keinesfalls das passende Puzzleteil, aber ich zwängte

mich wie ein falsches Puzzleteil hindurch und entdeckte auf der anderen Seite, als ich mich wieder erhob, die Sanifair-Aufsichts-Ordnungs-Toiletten-Fachkraft.

„Sind wir nicht ein bisschen zu alt für den Kindereingang?", mahnte der schnauzbärtige Frührentner.

„Kein Kleingeld!", keuchte ich, griff in die Westentasche, kramte einen zerknüllten Zehner hervor und drückte ihm den Schein in die Hand.

„Hier, ich wechsle nachher und zahle später. Ist dringend!" Ohne eine Antwort abzuwarten, stürmte ich Richtung Herrentoilette und nahm die erste Kabine in Beschlag.

Der Sanifair-Mensch schaute mir misstrauisch nach und hätte ich ihn mir länger angesehen, ich wäre überzeugt gewesen, er würde auf eine Ecke des zehn Euroscheines beißen, um dessen Echtheit zu überprüfen.

Die Sanifair-Toilettenanlage wurde erst kürzlich eingeweiht und gehörte zu den modernsten, die es in Deutschland gab. Alles war sensorgesteuert und vollautomatisch.

Sobald ich den Schließmechanismus der Kabinentür betätigte, ertönte eine sanfte Stimme aus dem Off

„Herzlich Willkommen in Ihrer Sanifair-Hygiene-Station."

„Ja, ja!", murmelte ich, tappte nervös auf der Stelle und versuchte hektisch, die Gürtelschnalle zu öffnen.

„Zur Ihrer Sicherheit", säuselte die freundliche Dame von der Decke, „desinfizieren wir für Sie nun Ihre Toilette!" Noch bevor ich nachdenken konnte, was das zu bedeuten hatte, begann sich die Toilettenbrille elliptisch zu drehen und schob sich mit dem Geräusch einer rostigen Brotschneidemaschine einmal um 360 Grad unter dem Reinigungsklotz am hinteren Ende der Brille durch.

„Neeeeiiiiin!", schrie ich verzweifelt, weitere 15 Sekunden nervös mit heruntergelassenen Hosen auf den Beinen tippelnd. Die letzten Zentimeter setzte ich mich einfach schon mal auf die sich noch bewegende Brille und drehte noch ein wenig nach, während mich das unbeschreibliche Gefühl der Erleichterung empfing.

Das war besser als Sex, Pizza und Autorennen auf einmal. Von der Hektik, der Rennerei und der Aufregung war mir heiß geworden und ich spürte die Hitze, die in mir aufstieg. Schweißperlen auf der Stirn. Wärme sammelte sich am Kragen und wollte hinaus.

Ich schälte mich im Sitzen umständlich aus der Steppweste. Erst einen Arm, dann mit Schwung hinter mir herum, um den anderen Arm zu befreien. Dabei streifte die Weste den Toilettenspülsensor an der Wand hinter mir, sodass plötzlich ein kalter Gebirgsbach unter meinem Hintern durchrauschte und sich im nächsten Augenblick die Toilettenbrille unter mir zu drehen begann.

„Nicht jetzt, nein!" Ich verfluchte die Sensortechnik.

Mit heruntergelassener Hose ist es wahrlich nicht einfach, das eigene Körpergewicht kurz aus dem Knie heraus anzuheben, sodass die Brille unter mir durchdrehen konnte.

Ich schaffte es nur 11 Sekunden, dann sank ich mit zitternden Knien zurück auf die Brille und drehte elliptisch nach rechts weg.

Derweil hatte sich meine Steppweste mit dem Reißverschluss zwischen Klobrille und dem Reinigungsklotz verfangen, wurde ein Stück mit eingezogen, bevor die Brille stotternd hin und her zuckte. Als DJ würde man so etwas „Scratchen" nennen. Immer hin und her.

„Scheiße, Scheiße! Auch das noch!", fluchte ich, versuchte die Weste erfolglos herauszuziehen. „So eine Kacke aber auch!", schimpfte ich, als aus der Kabine neben mir eine sonore dunkle Truckerstimme meldete:

„Hey Kollege, so genau will ich das gar nicht wissen!"

Bis ich die Weste befreit, mich erleichtert und die Brille wieder in die richtige Position gebracht hatte, vergingen einige Minuten, in denen ich fluchend und ächzend, einem polternden Giftzwerg gleich in der Kabine herumwerkelte.

Als ich dann den Riegel zurückschob, flötete die Dame aus dem Deckenlautsprecher: „Wir hoffen, Sie waren zufrieden und freuen uns, Sie bald wieder begrüßen zu dürfen."

„Ihr könnt mich mal alle, ihr dämlichen Klobrillen …", weiter kam ich nicht.

Vor der Tür hatten sich im Außenbereich ein gutes Dutzend Menschen versammelt und applaudierten mir, als ich heraustrat. Kinder drängten sich zwischen den Beinen der Schaulustigen nach vorn und beäugten mich neugierig.

Aus der letzten Reihe blickte mich der Sanifair-Toilettenmann argwöhnisch an und als ich die Kabine verlassen hatte, warf er einen sorgfältigen Blick hinein, ob ich vielleicht randaliert hätte. Schnell zerstreuten sich die Schaulustigen. Ich hielt die Hand unter den Seifenspender. Mit dem Geräusch einer SMS ergoss sich eine Portion Flüssigseife in meine Handfläche und als ich meine Hände unter den Wasserhahn hielt, versuchte ich mit allerlei Tricks und Tai-Chi-Bewegungen dem Hahn Wasser zu entlocken.

Zu meiner Rechten tauchte die Sanifair-Hygienefachkraft auf. Sein Blick verriet mir, dass ich in seinen Augen ein Volltrottel war. Er sah mir interessiert zu, wie ich mein Handflächenyoga vor dem Wasserhahn vollführte.

Ich blickte ihn hilfesuchend und vorwurfsvoll zugleich an:

„Kaputt!", sagte ich und wandte mich gerade dem nächsten Waschbecken zu, als er zum Wasserhahn griff und den oberen Knauf mit den Worten hin und her drehte:

„So ist's auf. So ist's zu!"

Warum nun ausgerechnet die Wasserhähne nicht sensorgesteuert waren, entzog sich meiner Kenntnis. Die zehn Euro jedenfalls gab er mir wieder zurück mit den Worten:

„Menschen wie Ihnen darf man kein Geld abknöpfen!"

Solche Situationen passieren normalerweise nur bei „Verstehen Sie Spaß …?" Wie bei meiner nächsten Geschichte. Meine Freundin verstand da keinen Spaß.

SEX

Ich habe einen Gärtner. Genauer gesagt, meine Schwiegereltern haben einen Gärtner und der kümmert sich um den Vorgarten meiner Freundin.

Also eigentlich sind es auch nicht meine Schwiegereltern, sondern eher meine Schwiegerfreunde.

Und der Gärtner ist auch kein richtiger Gärtner. Will sagen, ohne Gartenarbeiterfachausbildung, sondern eher einer von denen, die sich „Einer für Alles" nennen.

Ein HUGSA.

Das steht im Abkürzungschinesisch für **H**aus-und-**G**arten-**S**ervice-Assistent.

Er kommt aus der Ukraine. Juri.

Juri ist ungefähr so alt wie ein Baum.

Seine Haut erinnert an runzlige Rinde und die Akne-Narben verzieren sein Gesicht wie abgebrochene Aststumpen. Weiße dünne Haare wehen vereinzelten Spinnweben gleich auf seinem Kopf und die Augenlider arbeiten asynchron, ähnlich einem Chamäleon.

Man könnte sagen, auf Juris Schädel ist immer Altweibersommer.

Und Juri trinkt wie ein Elefant.

Bier. Am liebsten viel Bier.

In der Garage meiner Freundin steht neben dem Rasenmäher der Getränkevorrat. Wasser, Bier und Säfte.

Gegen Wasser und Säfte scheint der Ukrainer allergisch zu sein. Das Bier allerdings wirkt, wie es wirken soll. Er mäht proportional zum Bierkonsum langsamer.

Juri bedient sich laufend aus dem Vorrat, was bei dem Geld, das er für das Rasenmähen nimmt, nicht weiter ins Gewicht fällt. Er besteht grundsätzlich darauf, in Münzen bezahlt zu werden.

„Taler-Euro gut. Nix kaputt bei Feuer. Ist Silber", pflegt er dann in seinem Mix aus russisch und deutsch zu sagen und beißt zum Beweis seiner wirtschaftlichen Fachkompetenz demonstrativ auf die Münze.

Dass die modernen Euromünzen einen Silberanteil von null haben, ist ihm nicht bewusst.

Wussten Sie, und das nur am Rande fürs Protokoll, dass Gärtner der älteste Beruf der Welt ist?

Es war vor ca. 4 Milliarden Jahren, als Gott die Erde in sieben Tagen …, na, Sie wissen schon.

Dann, nachdem alles fertig war, hat Gott sich gedacht:

„Warum nicht einen schönen Garten anlegen?"

Und Puff-Zack-Plopp war da ein Garten.

Aber ein Garten benötigt Pflege und Zuwendung und als Gott hat man schließlich größere Dinge zu tun, als zu gärtnern.

Also Puff-Zack-Plopp stellte er Adam in den Garten und sagte zu ihm: „Du bist Adam und ab jetzt hier zuständig."

Nun möchte ich gleich vorweg eine Lanze für den Beruf des Gärtners brechen. Dass Adam, vorsichtig und optimistisch ausgedrückt, ein Trottel war, liegt glaube ich nicht an dem Beruf des Gärtners, vielmehr an dem Umstand, Mann zu sein.

Überlegen wir gemeinsam:

Adam war ein erwachsener Mann, 30–40 Jahre alt und findet sich plötzlich Puff-Zack-Plopp auf der Erde in einem Garten wieder.

Einfach so. Er hat sich nicht gewundert und gefragt: Wer bin ich? Wie bin ich hierhergekommen und wo komme ich her? Was habe ich gestern gemacht? Wer sind meine Eltern, wo meine Erinnerungen? Seit wann bin ich Gärtner? Was ist eigentlich ein Gärtner? Und wer zur Hölle ist dieser Gott?

Nein, Adam muss wohl so viel Grips wie eine Mottenkugel gehabt haben, denn sonst hätte er nicht einfach angefangen, diesen Garten Eden in Ordnung zu halten, ohne irgendwelche Fragen zu stellen.

Das hätte auch Juri sein können.

Ein angenehmer Sommertag. Ideal, um sich morgens nach dem Kaffee in die Sonne zu legen und ein bisschen am Laptop zu schreiben. Liege raus und ab in den Garten.

Da lag ich mit einem Handtuch um die Hüften geschlungen und genoss das Garen bei niedriger Hitze.

Plötzlich stand Juri neben mir, ein wenig außer Atmen. Wahrscheinlich hatte er die Bierflasche zu schnell geöffnet.

Was Juri nicht wusste, denn er konnte kein Deutsch lesen, wir hatten das Bier schon vor Wochen gegen alkoholfreies Bier ausgetauscht.

Für Juri machte das keinen Unterschied, er dachte, er trinke Bier und wurde wahrscheinlich auch angenehm berauscht. Placebo-Bier eben.

Jedenfalls stand Juri schwitzend neben mir und versuchte, eine Art Konversation zu beginnen.

„Hund!", sagte er und deutete auf Luna, die es sich unter meiner Liege im Schatten bequem gemacht hatte. Wobei er das „Hund" mit einem langen „ch" am Anfang aussprach.

Ich konnte mir den genauen Wortlaut nicht merken, da er für meinen Verstand zusammenhangslos Worte aneinandersetzte. Daher gebe ich es so gut wie möglich wieder.

„Hund!" Er deutet auf Luna und nickte. „Ich auch Hund." Er wartete wohl auf irgendeine Reaktion von mir, daher nickte ich mit einem deutlich hörbaren: „Mhmm!"

„Nix hier. Ukraine." Er winkte mit seiner Hand in Richtung Ukraine. Um mir zu signalisieren, dass die Ukraine wohl weiter entfernt war, als gleich hier um die Häuserecke, wedelte er mehrmals ausladend mit dem Arm.

Da ich nun in die Entfernung zur Ukraine eingewiesen war, fuhr er fort:

„Hund Großmutter an Kette. Ukraine in Schule Deutsch." Er zeigte auf sich und hielt dann seine flache Hand in Hüfthöhe. Er zeigte mir, dass er mal so klein war.

„Ich nix Computer", sagte er und schaute auf meinen Laptop.

Er wartete, also war ich dran und nickte mit einem:

„Mmmh."

„Neffe. Computer. Schnell. Ich nix. Ich Armee in Ukraine", er wedelte wieder mit dem Arm in Richtung Ukraine. Wahrscheinlich war er sich nicht ganz sicher, ob ich begriffen hatte, dass die Ukraine weit, sehr weit weg war.

„Mmmhmm", nickte ich und blickte über die Schulter in Richtung Ukraine.

Juri freute sich, dass ich offensichtlich begriffen hatte.

„Armee. Aber Großmutter Deutsche. Ich Deutscher. Hund Ukraine!"

Ich schaute wieder über meine Schulter nach hinten und wedelte zusätzlich mit dem Arm, um Juri mein neu erlangtes Wissen bezüglich der geographischen Lage der Ukraine zu demonstrieren.

Er grinste. Wenn Juri grinste, sah es so aus als ob Rinde brechen würde.

„Genau!", er wiederholte bestätigend meine Handbewegung in Richtung Ukraine.

„Rasenmäher gut!", sagte er dann und wies auf den Benzinrasenmäher, der etwas versetzt hinter ihm stand. „Ukraine!" (Die Handbewegung kennen Sie) „nix. Großmutter Deutsche."

Ich wusste schon gar nicht mehr, was ich Juri wie sagen sollte, um ihm zu zeigen, dass ich einfach nur in der Sonne liegen wollte, als glücklicherweise meine Freundin durch den Wintergarten kam.

Ihrem Schritt nach zu urteilen, war etwas passiert, denn sie kam nicht einfach nur so, ihren Schritten merkte man eine gewisse energische Entschlossenheit an.

„Da parkt einer in unserer Einfahrt!" Sie klang gereizt, wie ein Sonnenbrand.

Ich sah sie hilflos an. „Ich weiß nicht, wieso parkt da …? Wer?", stammelte ich überrascht.

„Das frag ich dich! Wer?"
„Woher soll ich denn das …"
„Frau mit Kind", sagte Juri. Wir sahen ihn beide an.

Nun muss man wissen, dass das Haus meiner Freundin in fußläufiger Entfernung zum Krankenhaus liegt. Es gibt einen Vorgarten und durch die Garage hat man Zugang zum hinteren Garten. Juri geht also durch die Garage zwischen den Gärten hin und her.

„Was?", fragten meine Freundin und ich synchron.

Ich ging, mit meinem Handtuch umgeschlungen, zur Garage und sah auf den Golf, der in unserer Einfahrt stand und das Auto meiner Freundin zuparkte.

Juri ging zum Bierkasten, öffnete eine Flasche und zeigte auf den fremden Golf.

„Frau und Kind. Parken. Nur halbe Stunde, dann wieder weg!" Er machte eine flinke Bewegung mit dem Handrücken um das „weg" für uns klarzumachen.

Ich begann langsam zu verstehen und fragte Juri:

„Hast du gesagt, sie kann hier parken?", fragte ich ihn.

Ich spürte, wie auch meine Freundin begriff. Sie mutierte zu einer Muräne, die jeden Moment zuschnappen konnte.

„Sag mir nicht, er hat jemanden da parken lassen. Sag mir nicht, er hat jemanden da parken lassen!" Immer wenn meine Freundin sich besonders aufregt, dann neigt sie dazu, Gesagtes durch Wiederholung zu bekräftigen.

„Nur halbe Stunde!" Juri winkte locker ab und wollte gerade sein Bier ansetzen, als die Muräne zupackte.

Blitzschnell ergriff sie Juris Bierflasche, bevor er sie zum Mund führen konnte, schleuderte sie in die Ecke, wo sie mit einem Bersten zerbrach.

„Wie kannst du? Wo ist sie hin?", fauchte sie.

Juri blickte traurig dem Bier nach, wie es als Rinnsal den Weg zum Gully in der Mitte des Garagenbodens entlangschlängelte und dort auf nimmer Wiedersehen verschwand.

„Juri!" Mittlerweile war sie keine Muräne mehr, sondern

glich einem Killerwal, der seine Zahnreihen zeigte.

Juri zuckte mit den Schultern, sagte „Da!" und wedelte zur Unterstützung mit seinem winkenden Arm. „Da!", sagte er noch einmal. Seine Stimmfarbe trug Trauerflor, ob der zerbrochenen Bierflasche.

Meine Freundin sah mich auffordernd an:

„Sag du doch auch mal was!"

Ich wusste eigentlich auch nicht, was man noch tun konnte, aber zur Bestätigung und um meinen guten Willen zu beweisen, fragte ich Juri auch noch einmal.

„Juri, wo ist die Frau mit dem Kind hingegangen?" Ich sprach extra langsam, mit klar artikulierten Worten und weit geöffnetem Mund. Ich muss ausgesehen haben wie ein Volldepp.

„Frau da hin!", sagte Juri und winkte mit seiner Hand in Richtung Krankenhaus.

Meine Freundin sah mich lange an, bis ich begriff, dass sie von mir eine Art Übersetzung oder Lösung erwartete.

„Da lang?", fragte ich Juri nochmal.

„Ja!", sagte er und wies mit seinem winkenden Arm in Richtung Ukraine.

„Und?" Meiner Freundin war die Ungeduld anzusehen. Sie tippelte von einem Fuß zum anderen, wie eine Waschmaschine im Schleudergang.

„Die ist wahrscheinlich in die Ukraine gegangen", sagte ich und lachte über meine Bemerkung, mehr als ich beabsichtigte. Irgendwie war die Situation zu abstrus.

Der Killerwal holte mit der Schwanzflosse aus und klatschte mir eine.

Das Wochenende war gelaufen und Sex konnte ich mir auch abschminken.

Juri nahm sich, nachdem meine Freundin wieder im Haus verschwunden war, noch eine Flasche Bier und mähte vor sich hinsummend den Rasen.

Nach einer halben Stunde kam die Frau mit Kind wieder zurück und als sie in den Wagen steigen wollte, schoss meine Freundin aus dem Haus hinaus und stellte die Frau mit der Entschlossenheit eines Fahrradständers zur Rede.

Das Gespräch verlief nur kurz.

Sie kam wütenden Schrittes zu mir in den Wintergarten.

„Da sagt die doch glatt zu mir, mein Mann hätte ihr die Erlaubnis erteilt, hier zu parken. Juri! Mein Mann? Was denkt die denn, wer ich …"

Mein Lachen platzte wie ein knallender Ballon hervor.

Dann schlug der Killerwal noch einmal zu.

Sex war jetzt wohl für den Rest des Monats gestrichen.

VERSTANDEN

Meine erste Begegnung mit Kirche und Tod ereilte mich im naiven Alter von fünf oder sechs Jahren. Jedenfalls war ich noch nicht in der Schule und meine Omi sagte in diesem Sommer ständig: „Bald beginnt für dich der Ernst des Lebens.".

Gerade bugsierte ich einen gelben Matchbox-Ford-Transit durch die engen Gassen des Perserteppichs im Wohnzimmer meiner Omi, als sie am Telefon die Nachricht vom Tode eines entfernten Cousins erhielt.

„Jetzt hast du Gelegenheit, die ganze große Familie mal kennenzulernen", sagte sie und tätschelte meinen Kopf.

Ich zog ihn zurück, denn ich mochte es nicht, wenn Erwachsene meinen Kopf tätschelten, als wäre ich ein kleiner Rauhaardackel.

Also musste ich mit meiner Omi zur dieser Beerdigung, um mich endlich mal von der ganzen, großen Familie betatschen zu lassen. Ich wusste weder, was eine Beerdigung war, noch hatte ich nur die seichteste Ahnung, was Tod war. Aber Tod musste etwas mit einem entfernten Cousin zu tun haben.

Bis zu diesem Zeitpunkt war ich mit dem Tod nur in Berührung gekommen, als meine Schwester die Köpfe meiner Gummibärchen abgebissen hatte und teuflisch grinsend rief „Jetzt sind deine blöden Gummibärchen tot!".

Wir kamen gegen Mittag vor der Kirche an. Eine Menschenmenge stand dort Schlange. So eine Beerdigung musste schon etwas Tolles sein, wenn die Leute dafür sogar anstanden. Andererseits hoffte ich, dass die nicht alle zur Familie gehörten, denn sonst würde mein Kopf ganz wund werden vom vielen Tätscheln.

Schleichend langsam wie flüchtender Sirup schoben wir uns mit der Masse hinein und ich erhaschte dann und wann zwischen den großen Leuten vor mir einen kurzen Blick in den riesigen Kirchensaal.

Vorn an der Wand war ein langhaariger Mann an ein Kreuz genagelt.

Die hölzernen Kirchenbänke knarzten wie alte Piratenschiffe unter dem Gewicht der Menschen und ich war mir sicher, der eine oder andere entließ unbemerkt einen Furz.

Meine Neugier zappelte wie ein Fisch an der Angel.

„Omi, da hängt ein Mann am Kreuz", flüsterte ich ihr zu.

„Sei still!" Sie blickte stur wie eine Straßenbahn geradeaus

„Omi, wer ist der langhaarige Mann da am Kreuz?"

„Psst, das ist Jesus!" Die Straßenbahn sah mich kurz an, bevor sie wieder auf Schiene war.

„Ist das ein Hippie?"

Kawumms, traf mich unvermittelt der Schlag auf meinen Kopf.

„Das ist Jesus, Gottes Sohn!"

„Omi, wo ist denn sein Vater?" Meine Neugier war noch nicht gestillt.

„Gott?", sie sah mich streng an. „Gott ist hier!"

Ich sah mich vorsichtig nach allen Seiten um. Wenn sein Vater hier war und nicht einschritt, dann war mit dem Papa von diesem Jesus jedenfalls nicht gut Kirschen essen, so viel war klar.

„Omi, wo denn. Wo ist er?"

„Gott ist hier. Du kannst ihn nicht sehen!" Sie war wieder in den Straßenbahnmodus verfallen.

Ich blickte verstohlen unter die Kirchenbänke und rutschte immer weiter runter, als meine Omi mich am Ohr wieder hochzog.

„Was machst du da!"

„Ich suche Gott, vielleicht hat er sich ja unter den Bänken versteckt."

Kawumms machte es und Omis Hand klatschte hörbar gegen meinen Nacken.

Dieser langhaarige Jesus ließ mich nicht los, also fragte ich erneut.

„Omi, weiß denn seine Mama, dass er hier hängt?"

„Ksch jetzt. Seine Mutter ist Maria." Damit schien für sie alles gesagt und offensichtlich musste dies eine Art Allrounderklärung sein.

„Also ist Maria die Frau von Gott?", wollte ich es genau wissen.

„Nein. Maria ist mit Josef verheiratet!" Sie wirkte zunehmend gereizter.

Ich stutze, zählte stumm an meinen Fingern – Gott, Maria, Jesus, Josef.

„Omi, weiß Josef davon?"

„Ja, natürlich!. Psst jetzt!"

„Das sind also doch Hippies!"

Kawumms, hatte ich schon wieder einen über den Schädel.

Ich weiß nicht wieso, aber für mich war das alles so spannend, dass ich nicht anders konnte als zu fragen.

„Aber Omi, was hat denn der Jesus ausgefressen, dass er da hängen muss?"

„Jesus ist gestorben – für deine Sünden!"

„Omi", rief ich erschrocken. „Ich bin fünf, ich kannte den gar nicht!

Kawumms, und schon wieder! Langsam tat mir der Kopf weh.

„Omi, ist das hier also die Beerdigung von Jesus?", wollte ich wissen.

„Du Dummerchen!", sie tätschelte meinen Kopf – wie ich das Kopftätscheln hasste. „Nein, Jesus ist schon seit 2000 Jahren tot.

„Dafür sieht er aber ganz gut aus!"

Wumms, und schon wieder. Diesmal mit voller Wucht!

Und dann sah ich zum ersten Mal den Mann in der Kiste vorne liegen. Im ersten Augenblick dachte ich, so müsste es sein, wenn man tot ist, aber dann erinnerte ich mich an die Gummi-bärchen und was meine Schwester mit denen gemacht hatte. Der da hatte seinen Kopf noch und schlief offensichtlich tief und fest mit gefalteten Händen.

„Omi?", flüsterte ich wieder.

„Wenn du mir noch eine Jesus-Frage stellst, dann …", sie hob ihre Hand, um eindrucksvoll zu zeigen, was sie mit „dann" meinte.

„Nein, nein. Omi, was macht der Mann in der Kiste?"

„Der ist jetzt an einem besseren Ort!"

Ich dachte nach. „Wie muss dann die Kiste ausgesehen haben in der er vorher lag?"

Kawumms, und schon wieder setzte es einen Schlag.

Das war meine allererste Erfahrung mit der Kirche. Und die Quintessenz, die mir blieb, das, was ich wirklich gelernt hatte, war:

„Wenn du in der Kirche zu viele Fragen stellst, dann kriegst du einen auf den Deckel."

Das hatte ich verstanden.

Wenn einem so etwas widerfährt, hilf eigentlich nur Humor.
Mein alter Lateinlehrer, übrigens Ocke Bohn, hatte alles außer Humor, aber gerade den hätte er so dringend nötig gehabt, um mich zu verstehen.

ÄRGER MIT GOTT

Geschichte in drei Akten,
inklusive Prolog und eventueller Zugabe

Prolog

Im zarten Alter von 13 Jahren hatte ich Ärger mit Gott, genauer
gesagt eigentlich nur indirekt.
Ich wurde von Pastor Lippert des Konfirmationsunterrichts ver-
wiesen. Also für eine Saison gesperrt.
Mein Vater meinte daraufhin:
    „Noch keine Haare an seinen Glöckchen und schon mit dem
Pfaffen verscherzt! Die stehen doch auf sowas, warum schicken
die dich dann weg?"
Er lachte mehr über seine Bemerkung, als ich verstand.
Wie ein fauchendes Bügeleisen unterbrach ihn meine Mutter
und sein Lachen verstummte zögernd, wie ein krepierender
Trabbi.
Aber deswegen begriff ich den Witz immer noch nicht.
Es war Dezember. Vorweihnachtszeit. Das Fest der Liebe, Je-
sus' Geburtstag, einer der höchsten christlichen Feiertage
stand an.

Als kleiner Junge glaubte ich an den Weihnachtsmann als großen, dicken Mann mit weißem Bart und rotem Mantel, der zu
blöd war, um an der Tür zu klingeln, weshalb er durch den
Schornstein kam.

Natürlich war er nicht zu blöd für eine Türklingel. Er kannte so etwas wie Türen ja gar nicht. Schließlich lebte der Weihnachtsmann am Nordpol und da wohnt außer ihm keine Sau, weil es dort schweinekalt ist und es weder Straßenbeleuchtung noch Pizzadienste und erst recht keine Türklingeln gibt.

Um präzise zu sein: Am Nordpol gibt es außer dem Nordpol nur jede Menge Gegend. Punkt!

Erst später, so mit sechs oder sieben, als man mich hinsichtlich des roten Fettwannsts aufgeklärt hatte, wurde mir klar, dass meine Eltern mich richtig, aber so richtig verarscht hatten.

Wenn ich darüber nachdenke, könnt' ich mich heute noch ohrfeigen, diesen Humbug geglaubt zu haben.

Ein dicker alter Mann am Nordpol mit weißem Bart und rotem Mantel. Wo bekommt man denn am Nordpol rote Mäntel?

Wohl kaum im Nordpolmantelfachgeschäft auf Eisscholle 23b. Am Nordpol gibt es keine roten Mäntel, nur weiße Eisbärenfelle.

Und meines Wissens leben Rentiere in Finnland und benötigen für den Nordpol ein Einreisevisum, nebst Impfung gegen Tollwut, Herpes und Hühneraugen.

Alles unrealistisch und aus der Luft gegriffen. Allerdings frage ich mich bis heute, wie diese Rentierviecher das mit dem Fliegen machen. Da muss doch ein Trick dabei sein!

Von da an wusste ich, Lügen ist erlaubt, wenn man nur eine wahnwitzig absurd klingende Geschichte dazu auf Lager hat.

Selbstredend, dass ich das ausprobiert habe.

Ich hatte schon früh im Leben mit Allergien zu kämpfen.

Heuschnupfen und Latein.

Heuschnupfen war saisonal bedingt, Latein chronisch.

Ocke Bohn, so nannten wir unseren Lateinlehrer, gehörte noch der alten Schule an und er sah es als epochalen Fehler des Schulsystems an, dass Lehrern das Schlagen mit dem Lineal untersagt worden war. Aber er hatte andere Strafmethoden, wie das stundenlange in der Ecke Stehen, Nachsitzen, Strafarbeiten oder in der Freizeit den Fahrradkeller ausfegen.

Dienstag, erste Stunde wartete Ocke Bohn, wie Sauron, der Herr der Ringe aus Mordor, mit einer handgeschmiedeten Lateinarbeit auf uns, seine Hobbits.

Ocke Bohns Auge sah alles. Es war die eine Lateinarbeit, maßgeblich fürs Zeugnis. Mit dieser Arbeit selektierte Ocke Bohn Loser und Winner. Wer hier nicht bestand, war geliefert und wiederholte die Klasse. Es war die eine Arbeit, sie alle zu knechten, sie alle zu finden, ins Dunkel zu treiben und ewig zu binden.

Ich hatte Allergie. Ganz schlimme Allergie.

Ich würde nicht sagen, dass ich die erste Stunde schwänzte, ich brauchte nur länger für den Schulweg.

Zufälligerweise schlug ich pünktlich zur zweiten Stunde in der Schule auf. Nach Latein folgte Geographie.

Zu dumm. Das hatte ich nicht bedacht: Geographie war ebenfalls bei Ocke „Sauron" Bohn.

Ich hätte den Schulweg über Timbuktu nehmen sollen.

„Sieh an. Haben wir die Lateinarbeit geschwänzt?" Ocke Bohns Auge zuckte, während sich seine Stimme vor Eifer und Aufregung, mich erwischt zu haben, überschlug. Er klang so, als würde eine ausgehungerte Hyäne bei Lieferando eine Familienpizza bestellen. Aber pronto, natürlich.

„Nein, sehen Sie, das war ganz anders!" Ich entsann mich der Methodik meiner Eltern und der absurden Weihnachtsmann-Story.

„Auf dem Weg zur Schule, da saß am Straßenrand dieses Baby. Es war halbnackt und hatte ein Megafon in der Hand."

„Ein Baby mit Megafon?" Ocke Bohns Augenbrauen machten nacheinander Katzenbuckel.

„Genau das habe ich mir auch gedacht. Woher hatte das Baby ein Megafon? Und wieso schrie es immer „Otze"? Außerdem war da Verkehr. Autos und Busse. Also blieb mir nichts anderes übrig, als das Baby zu retten. Aber als ich das Baby hochhob, da begann es zu schreien und um sich zu schlagen und zu treten. Wie ein Krake. Also ein wütender Krake."

„Ein wütender Krake?" Ockes Augenbrauen stellten sich auf zu Pyramiden.

„Genau. Richtig wütend, so als wenn der Krake sein Zimmer nicht aufräumen will und deswegen Hausarrest bekommt. Eigentlich halb Krake und halb BABY Born. So ungefähr. Da wusste ich intuitiv, was zu tun war. Ich brach ein parkendes Auto auf und suchte nach dem Verbandskasten, um dem Baby Arme, Beine und vor allen Dingen den Mund mit Pflastern zusammenzukleben. Und während sich das Baby auf dem einen Arm krakelig aufführte, durchsuchte ich mit dem anderen Arm das Auto.

Es hatte keinen Verbandskasten. Können Sie sich das vorstellen? Dabei ist das Pflicht. Deshalb rief ich die Polizei. Das ist eine fahrlässige Ordnungswidrigkeit. Sowas gehört angezeigt.

Und während ich mit dem schreienden Baby auf die Polizei wartete, sah ich auf der anderen Straßenseite einen Osterhasen sitzen. Er guckte zu uns herüber und jonglierte kichernd mit vier Eiern."

Die Klasse war mittlerweile in einem Lachflash gefangen. Meine Mitschüler bogen sich vor Lachen über den Tischen, wie eine Horde bekiffter Schimpansen. Jedenfalls hörten sie sich so an. Irgendwie hatte mich die Reaktion der Klasse weiter angestachelt. Ich sprudelte …

„Plötzlich sah ich aber, dass der Osterhase nur halb Osterhase und halb Katze war. „Otze", rief das Baby zwischen den Schreianfällen durch das Megafon. Da begriff ich, dass es den Halb-Osterhasen-halb-Katze meinte. Klar, ein Otze. Ich lief über die Straße, versuchte den Otze zu fangen und dachte dabei: Zum Glück ist er nicht halb Vogel, halb Katze."

In der Klasse regnete es Hefte, wie Konfetti. Stimmung war jedenfalls da. Ich redete so schnell weiter, dass Ocke Bohn gar nicht zu Wort kam.

„Mittlerweile war auch die Polizei eingetroffen und als die

Beamten den Halb-Osterhasen-halb-Katze sahen, fragten sie: „Ist das ein Otze?"

Ich sagte: „Ja, das ist das Otze. Gehört dem Baby hier."

Also informierten die Polizisten über Funk das Tierheim, dass hier ein Otze ohne Halsband herumläuft. Und die Tierheimtante fragte noch einmal nach: „Otze?"

Und der Polizist wiederholte: „Otze."

Aber während der Polizist und die Tierheimtante über Funk „Frage und Antwort" spielten, riss sich das Baby los, denn ich hatte ja immer noch kein Pflaster, krabbelte wie eine behände Spinne flugs über die Straße und ritt auf dem jonglierenden Otze davon.

Die Polizisten und ich schauten den beiden ratlos hinterher. Eigentlich wäre ich jetzt noch rechtzeitig zur Lateinarbeit gekommen", versuchte ich Ocke Bohn zu erklären.

Er nickte nur. Mittlerweile waren seine Augenbrauen mit dem Haaransatz verschmolzen.

„Aber dann wollten die Beamten mich verhören, weil ich das Auto aufgebrochen hatte. Dabei hatte ich sie doch gerufen, weil das Auto …"

„… keinen Verbandskasten hatte!", schnitt mir Ocke Bohn ins Wort. Er war kurz davor, mich zu filetieren.

„Genau!", sagte ich. „Aber wenn die mich jetzt verhören würden, dann hätte ich es niemals rechtzeitig zur Lateinarbeit geschafft. Also rannte ich weg. Büchste aus, sozusagen.

Aber die Polizisten waren viel größer und schneller, da sprang ich in den Ententeich vor der Schule. Und während ich mich damit abgefunden hatte, zur Schule zu schwimmen, packte mich von hinten ein Krokodil. Ein Leistenkrokodil. Es war wahrscheinlich halb Leiste und halb Krokodil! Zum Glück erwischte das Krokodil nur meinen Rucksack und ich kam mit dem Leben davon. Wahrscheinlich hat das Krokodil meine Schultasche auf dem Grund des Ententeichs so lange herumgeschleudert, bis alles durcheinander war, und brütet jetzt über den Mathehausaufgaben."

Ich endete so abrupt mit der Erzählung, dass die gesamte Klasse, wie auch Ocke Bohn mich auffordernd und überrascht ansahen.

Dann stürmte der Applaus los. Ich wollte mich gerade verneigen, da durchtrennte Ocke „Sauron" Bohn das Band der guten Laune.

„Setzen, Sechs!"

Er ließ zur Bestätigung das Holzlineal auf den Tisch knallen. Das Pult vibrierte nach, wie bei einem Beben. Dann bemerkte er meinen Schulranzen in der Ecke an der Tür.

„Es wird mir persönlich eine Freude sein, dich im nächsten Jahr die Klasse wiederholen zu sehen. Latein, halbnackte Babys und Krokodile sind nämlich eine gefährliche Mischung!"

Er grinste teuflisch, denn ich war jetzt im Dunkeln gefangen, auf ewig, zumindest auf ein weiteres Schuljahr sein.

Später dachte ich darüber nach, was er gesagt hatte.

Latein, halbnackte Babys und Krokodile seien eine gefährliche Mischung.

So ein Quatsch. Es ist immer gefährlich, wenn man ein Krokodil zu irgendeiner Mischung hinzufügt.

Ich gewann in diesem Schuljahr den Jackpot an Strafen. Mehr ging einfach nicht. Leider gab es dafür keinen Pokal.

Rückwirkend betrachtet verbrachte ich vielmehr meiner Schulzeit mit dem Abarbeiten von Strafen, als mit Lernen.

Für mein Lateinschwänzen jedenfalls erhielt ich die Höchststrafe: Zwei Monate lang nach der Schule den Fahrradkeller ausfegen. Ich fegte den Keller, und wie. Und die Konsequenz war ein längst überfälliger Schulverweis, gepaart mit einem zufälligen Abitur. Aber das ist eine andere Geschichte, für die ich später vielleicht noch Zeit finde.

Erster Akt – Regiefehler

Zurück zu meinem Ärger mit Gott, der Vorweihnachtszeit und dem Konfirmationsunterricht.

Pastor Lippert, mein Konfi-Pastor, nutzte die kalendarische Gelegenheit, um mit der Entschlossenheit eines Sacks Zement zu predigen, dass Weihnachten zu einem Geschenkemarathon verkomme. Dieses Fest der Liebe werde vom Handel missbraucht, um richtig Kasse zu machen.

Konfi-Unterricht machten wir alle eigentlich nur mit, weil es zur Konfirmation Geld gab.

Natürlich waren auch andere Dinge wichtig, wie zum Beispiel: Zaster, Marie, Penunzen, Kröten, Knete, Bares, Kohle, Mäuse, Kies, Moos, Schotter und ganz wichtig: Pinkepinke.

Von da an wollte ich zu jedem Anlass nur noch Geld geschenkt bekommen.

Diese Angewohnheit habe ich mir bis heute erhalten. Ich lasse mir gern zu Weihnachten Geld schenken, das kann man am besten umtauschen.

„An Weihnachten", so sagte Pastor Lippert und seine Stimme brummte dabei wie ein alter Heizkessel, „geht es nicht um Geschenke, sondern um Liebe, Geborgenheit, die Familie und das Zusammenkommen der selbigen."

Da meldete ich mich und zitierte eine Stelle aus unserer Konfi-Bibel. Die Konfi-Bibel war so 'ne Jugendbuchbibel mit Bildern. Also halb Comic, halb Bibel.

„Kaum war das Jesuskind geboren", las ich vor, „kamen sogleich drei weise Könige und überhäuften das Neugeborene mit den kostbarsten Geschenken." Ich sah Pastor Lippert an. „Für mich klingt das eindeutig nach: Weihnachten gibt's Geschenke!"

Pastor Lipperts Heizkessel stellte augenblicklich seinen Betrieb ein.

Mich traf sein „Mit-mir-ist-nicht-zu-spaßen-Blick".

Damit strafte Pastor Lippert normalerweise die schlimmsten Vergehen beim Konfi-Unterricht, das Kritzeln in der Konfi-Bibel, das Anzünden des eigenen Pupses oder das Einritzen von kotzenden Penissen in die Kirchenbänke.

„Und die Familie kommt doch auch an anderen Anlässen zusammen. Bei Begräbnissen, wenn mein Opa seine dicke Berta um die Ecke bringt und zum Grillen.", fügte ich noch durchaus ernstgemeint hinzu.

Die dicke Berta war die Sau meines Opas. Er hielt immer eine Sau im Garten. Die hieß grundsätzlich dicke Berta und einmal im Jahr wurde geschlachtet. Ob Pastor Lippert davon Kenntnis hatte, wusste ich aber nicht.

Und weil ich gerade schon dabei war, erzählte ich ihm von den anderen Ungereimtheiten, die ich in meiner Konfi-Bibel entdeckt hatte.

„Ganz am Anfang, da steht geschrieben, dass Gott Himmel und Erde erschuf und die Erde war wüst und leer und es herrschte Finsternis …", ich unterbrach mich selbst, um Pastor Lipperts Heizkessel Gelegenheit zu geben, bestätigend zu brummen.

„Dann sprach Gott, es werde Licht und es ward Licht."

Der Pastor ließ ein abwartendes Nicken erkennen.

„Also, wissen Sie, Herr Pastor. Wenn mein Vater in der Werkstatt bastelt, dann macht er immer erst das Licht an."

Die Konfi-Gruppe kicherte und sah sich verstohlen um.

Dann vernahm ich des Pastors Worte. Sie waren ruhig, aber ernst wie die eines Regionalzugschaffners.

„Mein lieber Benjamin", mahnte er. „Kennst du dich mit Blasphemie aus?"

„Keine Ahnung, hat es was mit Blasen zu tun?" Das Kichern der Gruppe wurde zu einem Prusten.

Ich wurde des Konfirmationsunterrichts verwiesen. Sollte ein Jahr aussetzen, um eine angemessene Konfirmationsreife, wie er sich ausdrückte, zu erlangen.

Seitdem habe ich ein, sagen wir mal, etwas angespanntes Verhältnis zur Kirche im Allgemeinen.

Aus diesem Grunde möchte ich Ihnen von weiteren Regiefehlern erzählen, die mir beim Studieren der Bibel aufgefallen sind.

Die Vertreibung Adam und Evas aus dem Paradies. Sie kennen die Geschichte, ist 'n alter Hut. Gott sagt erstmal das Paradies ab. Nix mehr Pauschalurlaub auf Kosten des Herrn.

Als sei das noch nicht Strafe genug, bürdet Gott Adam noch auf, er müsse zurückkehren in den Staub, aus dem er gekommen ist. Seitdem betreibt der Mann Viehzucht und Ackerbau, um zu überleben.

Eva erhält als Strafe, stellvertretend für alle Frauen, den Geburtsschmerz. Ich als Mann weiß zwar nicht wirklich, wie das ist, aber ich kann's mir glaub' ich vorstellen, denn ich hatte mal einen ganz, ganz schlimmen Husten.

Und die Schlange – Sie erinnern sich, die hat Eva ja erst dazu verführt, den Apfel zu essen – wurde verschont und durfte davonkriechen.

Eine andere, auf den ersten Blick unscheinbare Stelle der Bibel, nimmt sich der ältesten Frage an, die die Menschheitsgeschichte bewegt. Eine Frage, die die Gemüter erhitzt, Kriege entfacht, Ehen entzweit und Stammtische zerrüttet. Die Mutter aller Fragen, die die Frage nach dem Sinn des Lebens in einem Licht erscheinen lässt, das ungefähr so hell leuchtet, wie eine Bockwurst bei Nacht.

Ja, sie werden es bereits wissen, die Rede ist vom Abseits.

Denn es steht geschrieben: Jesus stand im Tor von Nazareth und seine Jünger standen abseits. Jesus war Kapitän und stand gleichzeitig im Tor von Dynamo Nazareth. Seine zwölf Jünger spielten auf dem Feld, wobei Petrus und Judas auf der Ersatzbank hockten und alte Socken stopften.

Hier haben wir einen klassischen Übersetzungsfehler. Im Original hieß es alte Säcke, daraus wurden im Laufe der Zeit Socken, denn damals in Nazareth trug man gar keine Socken in seinen Jesuslatschen.

Petrus war seinerzeit Ersatztorwart, steht aber mittlerweile im Himmelstor und leistet dort hervorragende Arbeit. Der lässt nix durch, nicht einmal die Zeugen Jehovas.

Judas aber war der ewige Ersatzspieler, wurde nie eingewechselt. Es kam oft zu hitzigen Diskussionen zwischen Jesus und Judas. Er wollte spielen, zeigen was in ihm steckt, raus aufs Feld, aber der Kapitän verschob Judas' Einsatz, bis er es nicht mehr hinauszögern konnte und man übereinkam, Judas endlich einmal spielen zu lassen.

Es war ein Freundschaftsspiel mit anschließendem Abendmahl, aber Judas schoss ein Eigentor.

Die Bibel ist im Grunde genommen das größte „Stille-Post-Kettenbrief-Ich-packe-meinen-Koffer-Spiel". Es hat sich über 2000 Jahre hingezogen und vieles ist im Laufe der Jahrhunderte im Staub vergessen, hinzugedichtet oder vollkommen verändert worden.

Zweiter Akt – Klaus

Was nur den wenigsten Christen bekannt sein dürfte, ist die Tatsache, dass Jesus einen kleineren Bruder hatte.

Klaus.

Klaus Christus.

Jesus, der ältere war halb Mensch, halb Gott und Klaus war halb Mensch und halb kleiner Bruder.

Und der hat, wie alle kleinen Brüder auf der Welt auch, von dem großen Bruder ordentlich was auf die Omme gekriegt.

Klaus war der zweite Sohn von Maria und Josef.

Streng genommen hatte Josef nach der Geburt Jesus' Lunte gerochen und sagte zu sich selbst:

„Moment mal, da muss doch auch noch ein bisschen Spaß vorher sein?"

Jesus und Klaus wuchsen im wohlbehütenden Elternhaus auf und es ging nicht anders zu, als bei anderen Brüdern in Duisburg-Marxloh oder Hamburg-Barmbek.

Man lebte in Nazareth zu jeder Zeit nicht wie Gott in Frankreich, sondern eben nur wie Gottes Sohn in Nazareth.

Einmal im Monat badeten die beiden Brüder in einem Holzbottich. Natürlich badeten die kleinen Brüder gemeinsam. Am Badetag hörte man immer wieder aus dem Hause von Josef und Maria den alltäglichen Bruderzwist. Klaus war eine echte Petze. Man hörte ihn aus der Badewanne rufen:

„Mama, Mama, Jesus macht es schon wieder."

„Jesus, du sollst nicht immer auf deinem Badewasser herumlaufen.", schimpfte Maria.

Später dann machte Jesus allerlei Geschäfte, verkaufte Wasser als Wein, verdiente sich nach seiner Tischlerlehre einiges als freischaffender Heilpraktiker dazu und veranstaltete große Happenings, sogenannte Massenpicknicks mit bis zu 5000 Menschen, bei denen er es richtig krachen ließ.

Und Jesus, der ältere Bruder, der hatte eine Gang. Da waren so 12 bis 13 Leute drin. Da wollte Klaus, der Kleinere, auch unbedingt in die Gang aufgenommen werden. Sie haben den Kleinen aber nicht in die Gang gelassen, obwohl Klaus JÜNGER war.

Dritter Akt – Übersetzungsfehler?

Insgesamt wurde die Bibel in über 2900 Sprachen übersetzt. Wenn man bedenkt, dass erst seit ca. 500 Jahren gedruckt wird, wurden die ersten 1500 Jahre mit Abschreiben verbracht. Und nicht jeder hat von den original hebräischen oder griechischen Bibeltexten abgeschrieben, sofern es sie überhaupt gegeben hat. Jeder hat von jedem abgeschrieben. Also genau genommen alles keine Streber.

Es muss also über die Jahrhunderte ganze Heerscharen von Menschen gegeben haben, die ihr Dasein mit Abschreiben fristeten.

So gesehen ist Abschreiben eigentlich ein ehrbarer Beruf.

Das wirft plötzlich ein ganz anderes Licht auf zu Guttenberg, Annette Schavan oder wie sie alle heißen, die es mit ihren Doktorarbeiten so gehalten haben, wie es die Bibel seit Jahrtausenden vorgemacht hat.

Um Sie weiter zu verwirren, müssen Sie wissen, dass es auch noch tausende verschiedene Versionen gibt. Allein in der deutschen Sprache existieren 58 Versionen der Bibel.

Zieht man nun Übersetzung und Version in Betracht, können in den letzten 2000 Jahren zigtausende verschiedene Bibeln im Umlauf gewesen sein.

Das nennt man religiöse Vielfalt oder, wie wir auf dem Land sagen, Kuddelmuddel mit Hasenköttel.

Reisen wir kurz in das Jahr des Herrn 1327. Der Apenninengebirgszug oberhalb San Marinos. Donnerstag. Eine Abtei des Benediktinerordens.

Die Abtei beherbergte eine große Bibliothek und viele Mönche.

Nun war das Freizeitangebot jener Zeit stark eingeschränkt. Will sagen: Videothek, Champions League oder Grillabend schieden aus. Allerhöchstens Ringelpiez mit Anfassen. Das war zwar gesellschaftlich nicht akzeptabel, aber dennoch weit verbreitet.

Picken wir uns einen der Mönche wahllos heraus.

Severinus von St. Emmeram. Übersetzer und Schreiber.

Nach einem nächtlichen Ringelpiez mit Anfassen war Severinus am nächsten Tag so aufgewühlt, dass er nur halbherzig an der Übersetzung einer hebräischen Schriftrolle arbeitete.

Meine Deutschlehrerin, Frau Rummel, hat immer gesagt:

„Auch viele Flüchtigkeitsfehler ergeben eine Fünf."

Während Severinus den Erinnerungen an das Ringeldings – Sie wissen schon – nachhing, schlich sich unbemerkt Rübezahl, der Abteikater durch die halbherzig geschlossene Tür in die Bibliothek. Rübezahl liebte es, sich an die Beine zu schmiegen.

Gerade als Severinus irgendetwas mit einer Hochzeit, einem Festessen und fehlendem Wein übersetzte, streifte der Abteikater die Beine des jungen Schreibers. Erschrocken zuckte Severinus zurück, kippte mit seinem Ellenbogen das Tintenfässchen aus der eingelassenen Halterung des Schreibpults und die schwarze Tinte ergoss sich über das hebräische Pergament. Mein Freund Bodo, Haschdealer und dauerbekifft, hätte in dem Muster des Tintenergusses wahrscheinlich einen schwangeren Schmetterling oder eine Gemüseboulette erkannt. Severinus aber sah Probleme.

Mächtige Probleme.

Kurzerhand entsorgte er das befleckte Pergament, schrieb aus dem Gedächtnis unter Zuhilfenahme seiner Phantasie die Übersetzung, die er anzufertigen hatte und im Hinausgehen kastrierte er zur Strafe noch schnell den Kater.

So entstanden wahrscheinlich so manche Wunder und Heilungen.

Vielleicht hatte Jesus ja gar keinen Wein aus dem Wasser gemacht, sondern den Rest des Weines nur mit Wasser gepanscht und weil die Hochzeitsgäste alle schon viel zu betrunken waren, merkten sie das gar nicht mehr.

In der Geschichte um die Hochzeit zu Kanaan wird berichtet, dass Jesus mit seinen Jüngern und seiner Mutter Gast dieser Hochzeit war. Viel wahrscheinlicher ist, dass Jesus und seine Jünger später am Abend bei der Hochzeitsfeier eintrafen, als der ganze Wein schon getrunken war und, wie es üblich ist, bringt man zu einer Feier etwas zu Trinken mit – und statt Wasser gab es wieder Wein.

Aber mal angenommen, die Geschichte, wie wir sie heute in der Bibel zu lesen bekommen, sei wirklich wahr – was, wenn man die Geschichte um Severiuns nun kennt, zumindest sehr stark angezweifelt werden darf. Was wäre denn geschehen, wenn Jesus tatsächlich auf einer Party Wasser in Wein verwandelt hätte? So etwas hätte die Runde gemacht.

Auch wenn sich im damaligen Jerusalem die Kunde nicht YouTube-mäßig viral innerhalb von zwei Tagen verbreitet hätte, so zumindest innerhalb weniger Wochen.

Jeder Wirt, jede Kneipe, jeder Gutsherr, jeder römische Edelmann hätte um Jesus gebuhlt und geworben und mit ein wenig Verhandlungsgeschick hätte er alles haben oder erreichen können.

Denken Sie mal nach. Die Römer liebten den Wein.
Hieß es nicht schon damals: Wein, Weib, Gesang?
Hatten die Römer nicht sogar einen eigenen Gott für den Wein.
Bacchus?
Ganz ehrlich! Das Letzte, was die Römer getan hätten, wäre jemanden zu kreuzigen, der Wasser in Wein verwandeln konnte.
Die hätten ihn auf Händen getragen.
Na ja, wir werden nie erfahren, was im Originaltext von Severinus stand. Zu schade aber auch.
Amen.

DONALD UND DIE DICKEN FISCHE

Jeder kennt sie. Jeder hat schon mal eine gegessen. Mindestens eine:
Die Wurst.
Man kann Wurst gekocht, gebraten oder gebrüht genießen. Viele essen die Wurst direkt so, wie sie von Gott erschaffen wurde: Roh, als Wurstsushi. Aber seien wir ehrlich:
Eine richtige Wurst gehört gegrillt!
Mit Feuer. Mit echtem Feuer. So, wie damals in den Höhlen, als man noch am offenen Feuer sein Fleisch direkt am Tier erhitzte.
Die Wurst gehört zu den Lieblingstierstücken der Deutschen.
Im Schwein, im Rind, im Geflügel, in Pferden, in Eseln – man findet Wurst in Wildtieren, wie auch Lämmern, Ziegen und im Hans.
Es gibt sogar Hundewürste, die allerdings nicht zum Verzehr geeignet sind. Um es auf den Punkt zu bringen.
Wurst ist geil.
Da wundert es einen nicht, dass es selbst speziell gezüchtete Würste für Vegetarier gibt. Die Tofuwurst wird ausschließlich mit Tofu großgezogen. Sozusagen eine Placebowurst.
So wichtig ist Wurst in unserer Gesellschaft, dass man sogar Placebowürste züchtet, um den Menschen, die keine Wurst essen, das Gefühl zu geben, dazuzugehören zum erlauchten Kreise der Wurstverdrücker.
Manche gehen sogar so weit zu behaupten, bei Wurst höre die Freundschaft auf. Das kann ich aus Erfahrung teilweise bestätigen.

Die Einladung erreichte mich per WhatsApp mit dem exakten Wortlaut:

„Grillen bei meinem Nachbarn. Ich muss da hin. Lass mich bitte nicht allein."

Meine Freundin. Diese Art von WhatsApp-Nachrichten weckt in mir den Beschützerinstinkt. Den Alphafreund.

Natürlich musste ich mit, obwohl ich auf einen Grillnachmittag bei den Nachbarn meiner Freundin ungefähr so viel Lust hatte, wie auf Abwaschen oder bei meiner Oma Fliesen legen.

Auf dem Weg entschied ich mich noch, im Supermarkt um die Ecke Grillfleisch und einen Sechserpack Bier einzutüten.

Statt Grillfleisch empfahl mir die magersüchtig wirkende Fleischereifachverkäuferin die Grillwürste aus der Werbung und zeigte auf das Aktionsplakat.

„Was ist Straßenfleisch?" fragte ich ungläubig, nachdem ich das Plakat gelesen hatte.

„Straußenfleisch. Es handelt sich um Straußenfleisch!" Sie kicherte. „Die werden handgemacht, deshalb auch die unterschiedlichen Größen", klärte sie mich auf.

Es stimmte. Alle anderen Würste in der Thekenauslage waren akkurat gleich groß, nur die Straußenwürste waren allesamt unterschiedlich. Sie wirkten in ihrer Individualität seltsam mutiert. Nachdem das geklärt war, fühlte ich mich besser. Straßenfleisch hörte sich nur geringfügig appetitlich an und je länger man über Straßenfleisch nachdenkt, desto weniger möchte man darüber nachdenken.

„Dann geben Sie mir mal sechs Griller vom Strauß."

Man bringt ja immer ein bisschen was mit, dachte ich mir und mit einer exotischen Spezialität hat man Chancen zu punkten. Nicht, dass ich bei Alexander, dem Nachbarn meiner Freundin, hätte punkten wollen, aber man möchte schon ein wenig auf dicke Hose machen, wenn man eingeladen ist.

Alexander ist Versicherungsvertreter und schon von Berufs wegen stets dein bester Freund. Denn als Versicherungsvertreter kannst du höllisch viel Kohle scheffeln. Alles, was du brauchst, sind 15 Freunde pro Woche.

Und während ich mich zur Kasse bewegte, befiel mich dieser Gedanke, der sich festbiss wie ein Pitbull und nicht mehr von mir abließ: Was, wenn Alexander auch von der magersüchtigen Fleischereifachverkäuferin zu den Straußenfleischwürstchen überredet worden war? Dann brächte ich überhaupt nichts Außergewöhnliches mehr mit und wir beide wüssten im Stillen, dass wir von einer viel zu dünnen Fleischerin überrumpelt worden waren. Der Gedanke saß mir im Fleisch wie ein Haifischzahn.

Ich machte kehrt.

Zielstrebig zu der Fleischtheke. Ich fragte gerade heraus:

„Haben Sie diese Straußenwürstchen heute schon einmal verkauft?"

Sie sah mich mit einer Mischung aus Furcht und Überraschung an. Sie zögerte.

„Nun sagen Sie schon, das wird ja wohl kaum unter das Datenschutzgesetz fallen, oder?", fragte ich etwas zu forsch.

„Nein!", stotterte sie unbeholfen. „Wieso, stimmt etwas nicht mit den Würstchen?"

„Mit den Würstchen ist alles in Ordnung!"

„Woher wissen Sie das?", fragte sie immer noch leicht verstört.

„Woher weiß ich was?"

„Dass mit den Würstchen alles in Ordnung ist. Sie haben sie ja noch gar nicht probiert."

Das wurde mir zu bunt. Langsam war ich mir gar nicht mehr sicher, was ich eigentlich fragen wollte. „Ich vertraue einfach Ihrem Geschmack!", sagte ich, um zum Ende zu kommen.

„Ich habe die Würstchen selbst noch nicht probiert!" Es klang so, als lege die Fleischereifachverkäuferin gerade ein Geständnis ab.

„Das ist mir egal", sagte ich. „Ich wollte nur wissen, ob sie heute schon Würstchen an den Nachbarn meiner Freundin, Alexander, verkauft haben. Ich weiß gar nicht, wie der mit Nachnamen heißt. So ein großer, dunkelhaariger …", ich brach abrupt ab. Was tat ich da?

Warum sollte eine Fleischerin bei Edeka wissen, wie der Nachbar meiner Freundin hieß und was glaubte ich denn hier zu erfahren?

Geschweige denn, dass ich auch nur im Entferntesten annehmen konnte, dass die junge Edeka-Mitarbeiterin verstünde, was ich wollte.

Ich schüttelte den Kopf. Gab ihr zu verstehen, dass sie alles vergessen sollte und gerade als ich ging, sprudelte es aus ihr heraus.

„Bitte, das weiß hier niemand. Sagen Sie es nicht meinen Chef", schluchzte sie plötzlich. „Ich bin Veganerin. Wenn die das wüssten, wäre ich meinen Job los. Ich esse nichts Tierisches. Und Huhn würde ich schon aus zwei Gründen nicht essen. Zum einen ist es Fleisch und zum anderen ist in Huhn Ei drin."

Sie weinte, wischte sich ihre viel zu dünnen Tränen an der Schürze ab. „Man muss den Kunden den Eindruck vermitteln, dass man weiß, was man verkauft." Sie fand wieder zu Atem.

„Und als Veganerin können Sie hier mit dem ganzen Fleisch arbeiten? Widerspricht das nicht ihrer Philosophie?"

Ich war erstaunt.

Plötzlich waren ihre Tränen vergessen und leicht brüskiert antwortet sie:

„Natürlich! Ein Nichtraucher kann ja auch Zigaretten verkaufen, ein Milchbauer kann laktoseintolerant sein und ein Politiker kann zur Not auch mal die Wahrheit sagen."

Das war eine entwaffnende Logik, der ich nichts entgegenzusetzen hatte.

Ich verschloss mit einer Geste meines Daumens und Zeigefingers meinen Mund, wie mit einem Reißverschluss, und gab ihr so zu verstehen, dass ihr Geheimnis bei mir gut aufgehoben war.

Alexander öffnete uns die Tür, lachte und deutete mit der Grillzange in seiner Hand auf seine Schürze mit der Aufschrift: Alphagriller.

„Heute geht's um die Wurst!", begrüßte er uns im kollegialen Versicherungsjargon, zwinkerte mit dem rechten Auge und klopfte mir brüderlich auf die Schulter.

Sofort befiel mich die Angst, dass an den Verzehr seiner Grillwürstchen der Abschluss einer Feuerschutzversicherung gebunden war.

Wir folgten Alexander durch das Wohnzimmer.

Modern. Geräumig. Schlichte Möbel, ein Fernseher von der Größe eines Sattelschleppers und als einziger Farbpunkt eine überdimensionierte, schmerzhaft gelbe Gummiente in einem Aquarium, das den Sattelschlepper an Größe noch übertraf.

Die Ente saß blubbernd auf dem Grund des Aquariums im anthrazitfarbenen Kies, umgeben von einem Dutzend anthrazitfarbener Piranhas.

Alexander hatte den Schnabel der Ente für die Luftzufuhr umfunktioniert und ihr eine Kindertaucherbrille aufgesetzt.

Die Augen wirkten dadurch unproportional groß und man hatte das Gefühl, sie sahen einen fast flehend an.

„Das ist Donald Duck." Er wies auf die Ente. „Der sitzt da immer den ganzen Tag herum und blubbert!" Es folgte ein Lacher, wie aus der Zahnpasta-Werbung. Einstudiert und abgespult.

Meine Freundin sah mich irritiert an. Ich zuckte mit den Schultern.

„Sind das Piranhas?", fragte sie mit einer Mischung aus Ekel, Angst und Abscheu.

„Ach, das? Ja!" Alexander winkte ab. „Die sind da nur so, dass Donald nicht ganz so alleine ist."

„Hätte Daisy es nicht auch getan?", fragte ich. Meine Freundin lachte.

Alexander stockte kurz, schüttelte kaum merklich den Kopf und wies uns an, ihm auf die Terrasse zu folgen.

Herr Ungemütlich höchstpersönlich hätte es hier heimelig gehabt. Die Terrasse glich eher einem Rollfeld für Kleinflugzeuge. Umsäumt von zwei Dutzend, im Boden eingelassenen Halogenscheinwerfern, die trotz frühabendlicher Sonnenstrahlung das Grillfest in gleißend unbehagliches Flutlicht einbetteten. Das war kein einfacher Grillnachmittag, es glich einer sowjetischen Parade zum Gedenken an den 40. Jahrestag des Koteletts.

Mittig auf der Terrasse thronte ein Tischgrill, eingelassen in einen wuchtigen, mit Aluminium beschichteten Holztisch.

An zahlreichen Metallhaken baumelten Zangen, Wender, Spieße, Fleischgabeln und anderes Folterbesteck.

Drumherum gebürstete Aluhandläufe.

Das war die Kommandozentrale. Star Trek.

„Captain auf der Brücke!"

Ich stellte das Bier auf den Tisch, wollte gerade die Straußenwürstchen herausholen, als Alexander wie im Teleshopping seine heutige Fleischauswahl servierte.

„Wir haben zum Auftakt eine kleine Rarität. Gegrillte Straußenwürstchen."

Augenblicklich ließ ich meine Packung aus der Edeka-Fleischertheke wieder zurück in die Tüte fallen. Den Rest seiner Präsentation nahm ich nur noch halb wahr.

Er faselte etwas von Marinekeulen. Oder waren es marinierte Hähnchenkeulen? Es hätte mich nicht gewundert, hätte er uns, seine Gäste, noch darüber informiert, dass Kunden, die dieses Produkt gegrillt haben, auch noch aßen …

Ich konzentrierte mich darauf, meine Würstchen loszuwerden. Einfach in die Küche und in den Müll. Den Sechserpack Bier unter den Arm und auf in die Küche.

„Oh, Sie müssen der Freund von …", Alexanders Frau kämpfte mit einem halben Dutzend Tomaten in der Küche.

Es war offensichtlich, dass sie den Namen meiner Freundin nicht kannte. Die Situation war so peinlich wie im Fahrstuhl zu furzen.

„Das Bier. Wollte es nur in den Kühlschrank …" Ich stellte es auf den Küchentisch, stellte mich vor und hielt meine Edeka-Tüte fest im Arm.

Der Küchenmüll schied aus.

Also zurück auf die Terrasse, den Autoschlüssel holen und die Würstchen ins Auto verfrachten.

Im Grunde genommen wusste ich überhaupt nicht, was eigentlich so schlimm daran gewesen wäre, hätte ich gesagt, dass ich auch Straußenwürstchen gekauft habe. Ich denke, es hat etwas mit Freud und der Beziehung von Größe und Männlichkeit zu tun. Ich wollte wohl einfach nicht das Risiko eingehen, dass seine Würstchen eventuell größer wären als meine.

Da grinste sie mich blubbernd an. Donald, die gelbe Ente.

Hatte Donald da etwa gerade durch die Taucherbrille mit dem Auge gezwinkert? Ganz sicher nicht, aber in mir blubberte, wie die Luftblasen im Aquarium, eine Idee an die Oberfläche.

So, als täte ich diesen Handgriff einhundert Mal am Tag, wickelte ich in einer fließenden Handbewegung die sechs Würstchen aus dem Papier und wirbelte sie wie einen Revolver in der Hand.

Mit einem leisen „Platsch" glitten sie wie sechs einzelne Wurstfinger in das Wasser und dann, als hätte ich eine Brausetablette hinein geworfen, wirbelte und sprudelte der Aquarium-Whirlpool. Schaumblasen bildeten sich, platzten spritzend an der Oberfläche. Die Piranhas veranstalteten eine Art kannibalisches Synchronschwimmen. Hunderte winzige Skalpellzähne verspachtelten die Würstchen innerhalb von Sekunden. Meine Mutter hätte den Piranhas zugerufen:

„Jungs, schlingt euer Essen nicht so hinunter!"

Donald, der Fels in dem Gemetzel, blubberte seelenruhig vor sich hin, obwohl seine Welt um ihn herum im Fressrausch versank.

Die ganze Orgie dauerte nur 60 Sekunden. Getrübt von langsam sinkenden Fleischfetzen, beruhigte sich das Wasser langsam.

Einzig Donald sprudelte hinter seiner Brille monoton vor sich hin.

Der Grillabend verlief nur minder unterhaltsam.

Alexander, Herr über Wurst und Fleisch, unterwies uns, wie man das perfekte Steak grillt, unterrichtete uns über die Herkunft von Straußenfleisch und das unersetzliche Versicherungswesen. Alles in allem hörte er sich gern reden.

Aus dem Nichts heraus, sah Alexander mich an und sagte:

„Daisy hätte es auch getan, aber wer will schon zwei Gummi-Enten im Aquarium sitzen haben. Da machen Piranhas doch wesentlich mehr her." Und wieder spulte er sein Zahnpasta-Lächeln herunter.

Dann und wann versuchte ich meiner Freundin durch intensive Blicke zu signalisieren aufzubrechen, als plötzlich ein Schrei die Grillgesellschaft in Aufruhr versetzte.

Alexanders Frau stand im Wohnzimmer. Zu ihren Füßen eine zerbrochene Salatschüssel. Zähflüssig wie Blut suchte sich das Balsamico-Dressing den Weg zwischen den Fugen im Marmorboden.

„Die Fische sind dick!", murmelte sie und zeigte auf das Aquarium.

Tatsächlich trieben zwei Dutzend Piranhas mit aufgeblähten Bäuchen an der Wasseroberfläche.

Wenn das die Edeka-Fleischereifachverkäuferin wüsste, dachte ich im Stillen.

Ich erlebte Alexander das erste Mal seit zwei Stunden sprachlos. Ungläubig starrte er auf die dicken, toten Piranhas.

Nacheinander verabschiedeten sich lautlos die Gäste und wenn ich ehrlich bin, taten mir die Piranhas leid. Dennoch musste ich einen Lachreflex unterdrücken, als mir meine Mutter in den Sinn kam, die gesagt hätte:

„Das kommt davon, wenn man sein Essen so schlingt!"

Als wir gingen, war ich sicher, in Donalds Gummientengesicht zwischen all den Blubberblasen ein Zwinkern und ein „Danke, Kumpel" gesehen zu haben.

Dieser Grillnachmittag hat meine Sicht auf Gummi-Enten verändert und eines hab ich gelernt:

Traue nie einer veganen Fleischereifachverkäuferin.

FALSCHE ANTWORT

Hätte ich es nur nicht gesagt.

Solche Sätze hat ein jeder von uns schon mal kopfschüttelnd vor sich hingemurmelt. Es gibt Situationen im Leben, da startet durch eine falsche Antwort oder eine unüberlegte Bemerkung der Peinlichkeitsturbo.

Der Peinlichkeitsturbo ist keine technische Spielerei im herkömmlichen Sinne, vielmehr ein Softwareproblem in der Hardware Hirn.

Eigentlich war mir nicht bewusst, dass ich ihn besitze. Ich bemerkte den Turbo erst, als es bereits zu spät war und ich mit Vollgas durchs Fettnäpfchen röhrte. Denn er setzt schnell ein. Daher Turbo. Sonst würde er wahrscheinlich Nachbrenner oder Lahmo heißen.

Der Ort des Geschehens: Ein Wellness-Hotel im Bayerischen Wald. Sehr gediegen, das Personal von schlichter Ignoranz. Saunalandschaft, Whirlpool und Dampfgrotte.

Dampfgrotte weckte in mir Assoziationen wie Erotik und Geisterbahn.

Ich konnte gut mit Erotik umgehen und Geisterbahnen fand ich immer schon voll geil. Nur in Kombination erschein es mir irgendwie falsch. So wie Gang-Bang-Party und Grießbrei mit Zimt und Zucker nicht wirklich zusammenpassen … Obwohl, wo ich jetzt so darüber nachdenke …

Lassen wir das, das ist eine andere Geschichte.

Ich stellte mir ein heißes, unheimlich dampfendes Loch vor. Und ich wusste nicht genau, ob in dem Loch der Serienmörder Freddy Krüger oder das Serienmodell Heidi Klum hauste.

Die minderschlanke Frau an der Rezeption hätte auch gut eingefettet Schwierigkeiten gehabt, durch einen Hula-Hoop-Reifen zu passen. Sie zeichnete sich dadurch aus, dass sie mit ihrem Wortschatz haushaltete. Ganz offensichtlich war sie der Auffassung, weniger sei mehr und begrüßte mich mit einem stakkatohaften:

„Griaß God!", das so klang, als hätte sie mit einem Fleischerhammer ein wehrloses Schnitzel erschlagen.

„Sie san"?

(Um die Stimmung der Szene einzufangen, belasse ich den Dialog im bayerischen Wortlaut, füge aber zu Ihrem besseren Verständnis eine Übersetzung an. Sozusagen bayerische Originalfassung mit Untertiteln, kurz BOMU – *Sie sind?*)

Ihre Frage schwebte bedrohlich wie ein fieser Furz in der Luft.

„Tomkins. Für mich ist ein Zimmer reserviert!"

„ I woas scho. Des kimmt vom Theata. Na, jo!"

(BOMU – Ich weiß schon, das kommt vom Theater, na, ja!)

So wie sie es sagte, klang Theater wie ranziges Fett.

„Ab wann ist die Sauna geöffnet?", fragte ich.

„De Sauna wead ogschmissn, wenn mehra wia zwo Leid do san."

(BOMU – Die Sauna machen wir nur an, wenn mindestens zwei Leute da sind.)

„Wie bitte?" Ungläubig starrte ich sie an. Sie roch irgendwie nach Milch.

„Sonst rendiad si's ned."

(BOMU – Sonst rentiert sich das nicht.)

„Die Sauna kostet doch nichts extra, oder?"

„Na, is ois inlkusieve."

(BOMU – Nein, ist alles inklusive.)

„Dann ist es doch egal, ob ein, zwei oder zehn Personen in der Sauna sind. Die Kosten für Sie als Hotel bleiben doch immer gleich!"

Sie sah mich herzlichst feindselig an und wir beide wussten unumstößlich, dass wir in diesem Universum niemals könnten Freunde werden. Also so etwas wie Ernie und Bert hatten, war für uns beide erst einmal gestorben.

„De Sauna is fei nua für Hotelgäste.

(BOMU – Die Sauna ist nur für Hotelgäste)

„Ich bin Hotelgast!" Zur Beweisführung wedelte ich auffallend dämlich mit meiner Zimmerkarte, als würde ich bei einer Auktion mitbieten wollen.

„Se san koa richtiga Gast net. Fir se zoit ja des Theata des Hotel."

(BOMU – Sie sind kein richtiger Gast. Für Sie bezahlt ja das Theater das Hotel.)

Es lag auf der Hand. Diese bayerische Frau hatte kein BWL studiert. Soviel war sicher.

„Wenn's ebban findn, dea mid eana in de Sauna mog, dann kennans geh."

(BOMU – Wenn Sie jemanden finden, der mit Ihnen in die Sauna will, dann können Sie gehen.)

Wir waren auf dem Land. Wellnesshotel, umgeben von Biobauernhöfen und Wald. Bayerischem Wald.

„Und wo sollte ich da suchen, im Kuhstall?", fragte ich. „Kühe horen ja auch gern Klassik, vielleicht sind sie ja dem Wellnessgedanken im Allgemeinen ebenfalls aufgeschlossen?"

Hinter der Rezeption roch die Milch plötzlich sauer und die Pause zwischen uns lag da wie ein rostender Anker.

„Umara siemme hod sie a Gruppn füad Sauna ogmeid. Do kennans jo geh, wenns woin!"

(BOMU – Um Sieben hat sich ein Gruppe für die Sauna angemeldet. Da können Sie ja auch gehen, wenn Sie wollen.)

Ich nickte kopfschüttelnd.

Eigentlich wusste ich, was kommen würde, aber ich fragte dennoch.

„WLAN?"

„Homma!"

(BOMU – Haben wir!)

„Ist wahrscheinlich nur für Hotelgäste, richtig?"

Sie nickte und schob mir einen Zettel mit den Zugangsdaten über den Tresen.

„Wie jetzt, WLAN ja, aber Sauna nein? Bin ich nun Hotelgast oder nicht?"

Die Milch kochte nun über. Ihre Miene verzog sich, als hätte sie ein Glas scharfen Senfs ausgelöffelt.

Bevor sie die Möglichkeit hatte, mir den Zettel wieder wegzunehmen, schnappte ich ihn und verschwand im Fahrstuhl.

Irgendwann gegen sieben warf ich mir, wie ein Gladiator im Circus Walnuss, meinen Bademantel über. Auf zum Erlebnis-Wellness.

Der Wellnessbereich hell und schlicht. So etwas soll den Eindruck der Moderne rüberbringen.

Schöne Saunakabine, eine Wand komplett verglast.

„Wenn man schon schwitzt wie ein Schwein, dann sollen einen wenigstens auch alle sehen", muss wohl die Devise beim Bau gewesen sein.

Ich wand mich der Dampfgrotte zu.

Weder Freddy Krüger, noch Heidi Klum warteten dort, sondern eine nach Feng Shui und Nasi Goreng ausgerichtete Aromalichttherapie.

Es roch nach Schwefel, Chlor und Krümelkacke.

Wobei sich Krümelkacke nicht wirklich mit Worten beschreiben lässt. Krümelkacke ist eher ein Synonym für undefinierbar latenten Übelgeruch.

Die Grotte erweckte den aufdringlichen Eindruck, als hätte sich jemand mit Kleister, Luftballons, Zeitungspapier und Eierkartons selbst verwirklicht. Von der Verarbeitung her eher Kindergartenniveau, dafür verströmte das Ambiente die schnöde Eleganz einer Aldi-Filiale.

Von der Decke strömte abwechselnd buntes Licht. Man nennt sowas „Lichttherapie".

Warum buntes Licht beruhigend wirken soll, ist mir bis heute nicht klar. Eigentlich ist es ja die Abwesenheit von Licht, die beruhigend wirkt, deshalb schläft man im Dunkeln. Lichtwechsel hingegen sorgen eher für Tanzstimmung, daher auch die Lichtorgeln in der Disco.

Die Dampfgrotte war richtig schön unbehaglich.

Blieb nur noch der Whirlpool. Eine Tür wies auf den Eingang hin.

„Textilbereich" war am Schild zu lesen. Ich zog meine Badeshorts über.

Von drinnen hörte ich Stimmen. Die Gruppe, die die Rezeptionistin erwähnt hatte.

Ich schwang mit der Tür in den Whirlpoolbereich.

Der Widerstand der Türbewegung war so leicht, dass ich wie ein halbnackter Trunkenbold mit Schwung hineinstolperte.

Das Gespräch verstummte jäh wie ein Chamäleon. Im Whirlpool drei Frauen. Mittleren Alters, also so wie ich. Nein, eher doch nicht. Ein bisschen so wie die drei Damen vom Grill, mit der Nonchalance eines Sacks Reis. Hochgesteckte Frisuren, ungeschminkt, ohne erkennbare Motivation, sich dem Prinzip Gastfreundschaft aufgeschlossen zu zeigen. Ihre Köpfe zuckten hoch, drehten sich in meine Richtung, wie eine Horde Erdmännchen.

„Guten Abend", murmelte ich verlegen, wie jemand, der unter vorzeitiger Ejakulation leidet.

Sie starrten mich an. Ihr Blick wanderte von oben nach unten. Sie musterten mich. Nicht wie eine Beute, eher so, als betrachteten sie einen Stapel Altpapier. Da stand ich. Kurze Hose, Holzgewehr!

Ohne Umschweife rückten die Grilltanten so auffällig wie möglich auseinander und breiteten ihre Arme auf dem Poolrand aus. Die weißlich schimmernden Oberarme lagen da herum wie faule Nacktschnecken.

Sie verhielten sich ganz offensichtlich so, als gehöre ihnen der Whirlpool bereits und sie warteten nur noch auf die Grundbucheintragung.

In einem Fass mit sauren Gurken hätte ich mich wahrscheinlich wohler gefühlt, als mit den Steckfrisuren im Pool

Diese überhebliche Zurschaustellung, wer hier im Sandkasten der Chef war, weckte in mir den „denen werd ich's zeigen jetzt erst recht"-Gedanken.

Der Fußboden war nass, rutschig und ungewollt stolzierte ich wie ein sedierter Pfau um den Whirlpool herum, bis ich die Stelle fand, an der ich hineinrutschen konnte. Ihre Köpfe drehten sich mit wie Suchscheinwerfer.

Viel zu schnell als beabsichtigt ließ ich mich vom Rand aus in das sprudelnde Rund gleiten. Eine Welle erfasste die Steckfrisuren.

Was dann passierte ist nichts, worauf ich irgendwann einmal im Leben auch nur mit einem Anflug von Stolz zurückblicken könnte: Durch das viel zu schnelle Hineingleiten war so viel Luft in meinen Shorts, dass ich Gefahr lief, aufzutauchen. Also Luft ablassen:

Langsam das Luftpolster meiner Shorts zur Seite zu schieben, um mit den Luftblasen aus dem Sprudelbecken unauffällig den Druck abzulassen, war im Ansatz eine schöne Idee. Dumm nur, dass im gleichen Augenblick die Zeitautomatik des Whirlpools aussetzte und das Blubbern unmittelbar einstellte. Im gleichen Augenblick platze die Luftblase aus den Shorts als Ganzes an die Oberfläche und produzierte ein sehr gut hörbares „Plopp".

Sie hätte ein Schiff im Bermuda-Dreieck mit sich in die Tiefe reißen können und am liebsten wäre ich in diesem Moment das Schiff gewesen.

Mich traf die gewaltige Kraft der drei Todesblicke. Es war der EAV-Blick: Ekel, Abscheu und Verachtung.

Und in diesem Moment setzte der Peinlichkeitsturbo ein.

Das Wort kam aus meinem Mund und ich wusste, es war das falscheste, was man in dieser Situation nur sagen konnte, aber ich tat es dennoch.

Gegen den Turbo kommst Du halt nicht an.

Ich schluckte das Wort würgend und volle Demut hervor:

„Entschuldigung!"

Angewidert sprangen die Steckfrisuren aus dem Pool.

„Sie Schwein!"

„Das kam nur aus meinen Shorts …", versuchte ich zu beschwichtigen, aber dieser nicht durchdachte Erklärungsversuch machte es nicht besser.

Heute weiß ich, dass ich mich niemals für die Gesetze der Physik entschuldigen sollte.

Zumindest hatte ich den Whirlpool für mich allein.

HORST BUBLACK

Mir war nicht bewusst, wie sehr Bücher stinken können.

Gestank ist in erster Linie verbrauchte Luft, also das Gegenteil von frischer Luft. An dem einen Ende steht Parfüm und am anderen Gestank.

Gestank kann sich ausbreiten, wie ein böses Virus, eine heimtückische Epidemie oder wie dieser fiese Weltraumschleim aus den Science-Fiction-Filmen der 1960er Jahre.

Ich rede nicht von mit Buttersäure gefüllten Stinkbomben, verjährtem Labskaus oder Rhinozerosfurzen. Nein.

Vergessen Sie alles, was Sie an Erbrochenem, Hundekot oder Aasgeierrülpsern jemals in der Nase hatten.

Ja, jetzt wird's ernst. Das ist nichts für Weichspülhansis oder FKK-Strand-Bauchlieger.

Wenn Geruch in den Wehen liegt, wenn Gestank geboren wird, wenn der Atem der Pest heranwächst, dann wird er zur Mutter aller Gerüche. Der Gott des Gestanks.

Aber zurück zu der Zeit, als die Luft bei mir noch rein und der Duft frisch war.

Ich wohne sehr intellektuell. Das rede ich mir jedenfalls ein.

Unten im Haus befindet sich eine Buchhandlung. Eine große. So ein Megaerlebnisbuchshop mit Babywickelecke, Kaffee-Lounge und Lesebrillenverleih.

Das bedeutet im Umkehrschluss nicht, dass Sie sehr gesund wohnen, nur weil sich in Ihrem Haus eine Arztpraxis niedergelassen hat.

Sie wohnen auch nicht billig, wenn Sie über einem Sonderpostenmarkt hausen und ein geiler Hengst sind Sie noch lange nicht, nur weil sich unten im Haus ein Sexshop befindet.

Mir gefällt aber dennoch die Vorstellung, dass nach Geschäftsschluss der Geist der Schriftsteller, die Seelen der Bücher durchs Treppenhaus schweben und bei mir oben im Dachgeschoss einkehren.

Abends, wenn ich in der Wanne liege, sprudelt ein bisschen T.C. Boyle im warmen Wasser. Truman Capote gurgelt leise am Überlauf.

In den Schaumblasen versteckt sich Stephen King und dort, wo der Abfluss ist, am Stöpsel, da haust – wie sollte es anders sein – Charles Bukowski.

Ich fühle mich dann immer so belesen. Unheimlich gebildet.

Natürlich weiß ich es. Das ist Blödsinn, sonst würde ich sofort umziehen. Und zwar über ein Fitness-Center.

Geiz gehört übrigens nicht unbedingt zu meinen Eigenschaften, aber ich gebe ungern zu viel aus, daher habe ich mir die Angewohnheit zu eigen gemacht, tagsüber, wenn ich das Haus verlasse oder nachhause komme, kurz im Buchladen vorbeizuschauen.

Sie würden jetzt gern lesen wollen: der Buchladen meines Vertrauens. Aber in Wahrheit ist es einfach nur der Buchladen in meiner Nähe.

Nicht, dass ich da jemanden kennen würde. Die Mitarbeiter der Buchhandlung und ich, wir stehen uns ungefähr so nahe, wie Melkfett und Spüli. Abgesehen von der wirklich hübschen Jessica Uhland. Habe ich auf ihrem Namensschild gelesen. Die wollte ich mal anbaggern.

Wir hatten schon des Öfteren geschäkert, wie man das so macht. Mal eine witzige Bemerkung hier, ein freundliches „Hallo" und so etwas in der Art.

Irgendwann fragte ich sie, ob sie mit mir essen gehen würde. In den Sushi-Laden gegenüber. Wenn sie hier fertig wäre. Ich würde sie abholen.

„Gern", sagte sie halb verlegen. „Gegen 6?"

„Nö, einfach nur so", entgegnete ich knapp.

Ich wollte nur witzig sein, aber für sie war der Drops damit gelutscht und die Stimmung fortan eher pinguinmäßig unterkühlt.

Im Buchladen jedenfalls stöbere ich ein wenig in den Neuerscheinungen herum, grapsche die Cover an, mache ein Handyfoto der Bücher, die mich interessieren und bestelle später vom Sofa aus bei Amazon das günstigere e-Book.

Social Correctness? Fehlanzeige!

Aber ich unterschreibe gern diese Bürgerlisten „Hier lebe ich, hier kauf' ich ein", die beim Bäcker ausliegen. Gibt mir das gute Gefühl, etwas für meinen Kiez, meine Stadt zu tun.

Ich bin theoretisch durchaus sozial eingestellt.

Die Sozialkontakte in unserem Haus beschränken sich auf kurze, aber vielsagende Begrüßungsformeln, wie „Hallo" oder „Tach auch".

Meistens aber hört man im Hausflur ein eloquentes „Mhmm".

Dagegen ist Smalltalk mit einem Carport wesentlich anregender.

Ich weiß noch nicht einmal, wie die anderen Mitbewohner heißen, obwohl deren Namen unten an den Hausklingeln stehen.

Außer einen: Horst. Horst Bublack.

Im Grunde genommen kenne ich Horst nicht, aber er kennt mich. Horst hat immer viel zu erzählen. Meist geht es um „die anderen".

Ganz genau habe ich noch nicht herausgefunden, wer „die anderen" sind. Wahrscheinlich irgendwelche Swiffer-Staubmäuse oder verhaltensgestörte Fruchtzwerge

Aber ich denke, nicht einmal Horst weiß das so genau.

„Alles Schweine und Betrüger", beschimpft er „die anderen" ständig.

Sie hätten ihn damals ausgebootet. Er hatte das Patent auf einen Unterwassertraktor, der mit einem Gemisch aus Moos, Milchsäurebakterien und Fleischwurstextrakt angetrieben wurde.

Aber die Welt war noch nicht reif für seine Erfindung. Jetzt muss er von Hartz IV leben.

Außerdem wurde das Attentat auf das World Trade Center von Außerirdischen verübt, in Wahrheit wird die Welt von Nestlé regiert und überhaupt ereifert sich Horst sehr oft. Den größten an der Waffel habe ja wohl die Sonne. Nachts bei Dunkelheit sei sie nicht da und tagsüber, wenn es sowieso hell ist, da scheine sie.

So war Horst.

Wobei, das mit Nestlé könnte gut sein.

Horsts natürlichen Feinde waren die Ordnung und der Gerichtsvollzieher.

Die Ordnung hatte er aus seiner Wohnung erfolgreich vertreiben können und einen großen Schutzwall aus Bierflaschen, Altpapier und prall gefüllten gelben Säcken errichtet. Daran kam nicht einmal die kleinste Ordnung vorbei.

Der Gerichtsvollzieher ließ sich allerdings nicht von dem Müll abhalten. Er zog sich bereits unten an der Haustür Einmal-Gummihandschuhe über, bevor er an Horsts Wohnung klingelte.

Bisher ist mir nicht klar geworden, was der Gerichtsvollzieher bei Horst überhaupt zu pfänden hoffte, was er zu Geld machen zu können glaubte. Pfandflaschen?

Horst hatte nichts und würde auch nie wieder im Leben etwas besitzen. Die ständigen Besuche des Gerichtsfuzzis waren reinste Schikane.

Irgendwann traf ich Horst, als er sich ganz hinten im Fahrradkeller versteckte.

„Sie sind da", flüsterte er.

„Wer?" Ich weiß gar nicht, wieso ich fragte, denn im Grunde wollte ich weder die Antwort wissen, noch in der letzten Ecke des Fahrradkellers ein Gespräch mit Horst führen.

„Die anderen!", tuschelte er und verdrehte die Augen ein wenig so wie Gollum. „Du hast mich nicht gesehen!", sagte er ernst. „Der Gerichtsvollzieher schon wieder!"

„Mein Name ist Hase, ich weiß von nichts!", entgegnete ich schulterzuckend.

Horst winkte mich zu sich heran. Ich beugte mich vor. Wieso tat ich das?

„Ist ‚Hase' dein Deckname?"

Ich wusste wirklich nicht, was ich darauf antworten sollte. Um schnell aus dieser Situation herauszukommen, hielt ich meinen Zeigerfinger vor die Lippen:

„Psssst. Das darf niemand wissen. Ich hoffe, mein Geheimnis ist bei dir gut aufgehoben."

„Alter!", gab Horst jovial von sich. „Mach dir kein Kopf. Von mir hat noch niemand erfahren, wo sich Elvis aufhält oder dass Merkel in Wahrheit Günther Wallraff ist. Ich halte dicht. Eher falle ich auf der Stelle tot um." Er machte irgendeine Bewegung mit zwei Fingern, seiner Zunge und einer Mischung aus Winnetou- und Vulkaniergruß.

„Muss ja nicht gleich hier und jetzt sein. Lass dir noch Zeit!"

„Mit was?", fragte Horts rehäugig.

„Mit dem Umfallen!"

Horst nickte vielsagend. Ich nahm mein Fahrrad und verschwand.

Im Hausflur traf ich auf den Mann mit braunem Schnauzbart, dazu farblich abgestimmter Aktentasche und Gummihandschuhen. Wenn ich nicht gewusst hätte, wer es ist, hätte ich an einen Perversen mit einem Fetisch gedacht, der ausgestopfte Hühnerschädel und Latexpeitschen in seiner braunen Aktentasche mit sich herumträgt.

„Guten Tag", begrüßten mich die Gummihandschuhe.

„Mmmhm", entgegnete ich eloquent.

„Ich suche Herrn Bublack. Haben Sie ihn eventuell gesehen oder wissen Sie, wann er nachhause kommt?"

Ich wollte mich auf keinen Fall von einem Gerichtsvollzieher vor den Karren spannen lassen. Ich bin kein Stasityp.

Kurz nachdenkend entschied ich mich für einen Knaller. Eine kleine Verschnaufpause würde ich Horst damit vielleicht verschaffen können.

„Den Horst? Der ist doch schon seit fünf Wochen nicht mehr da. Hat doch im Lotto gewonnen. Ist irgendwo in der Dom-Rep."

„Wo ist Herr Bublack?"

„Dominikanische Republik. Den sehen wir so schnell nicht wieder." Ich lachte. „Schwein muss man haben", sagte ich und ging, ohne mich umzudrehen, obwohl ich zugeben muss, leicht fiel es mir nicht. Zu gern hätte ich das Gesicht dieses Kopfgeldjägers gesehen.

Der Sommer brachte neben der Hitze und den Asphaltverwerfungen auf den Autobahnen auch jede Menge Neuerscheinungen auf dem Buchmarkt mit sich.
Unter anderem versprachen der 48te Band der Vampirsaga „Schiss zum Morgengrauen" und der 13einhalbte Band von „Henry Dotter und der haarige Grießbrei" echte Kassenschlager zu werden.
Buchhandlungen im ganzen Land wappneten sich für den Ansturm des literarischen Fußvolkes und füllten ihre Lager bis auf den letzten Kubikzentimeter. Schaufenster wurden dekoriert.
Hundertmal das gleiche Buch in einem Schaufenster. Büchertische stapelten sich mit der Erstauflage.
Natürlich gebunden. Ein echtes Buch eben. Zu einem stolzen Preis.
Am Morgen der Buchpremiere für den Handel erinnerte die Schlange vor meiner Haustür an Star-Wars-Premieren oder iPhone-Verkaufsstarts.
Massen von Menschen standen seit den frühen Morgenstunden an, um als erster „Henry Dotters behaarten Grießbrei" zu ergattern oder den „Schiss zum Morgengrauen" in den Händen zu halten.
Und so mancher Wartende erleichterte sich bei uns im Hausflur. Da wurde der „Schiss im Morgengrauen" direkt bei uns in der Hofeinfahrt erledigt.
Auch Bücherleser können Asis sein.
Am Abend des ersten Verkaufstages begann es in unserem Haus unbarmherzig zu stinken.
Eine Putzkolonne war sogar im Einsatz, um die Notdurft der Leseratten in der Hofeinfahrt zu entsorgen.
Die Büchertische leerten sich und wurden wieder gefüllt. Leer-

ten sich erneut und wurden wieder gefüllt. Die Lager wurden noch einmal bis unter die Kellerdecke aufgefüllt. Das ging so über Wochen.

Die Dotter- und Morgengrauenschiss-Bücher waren wie Herpes. Die kamen immer wieder.

Der Gestank blieb. Nein, er wuchs! Schwang sich empor und Schwaden übler Luft stürmten durch die Buchhandlung wie die Reiter der Apotheke. Oder waren es die der Apokalypse? Egal. Sie hinterließen Mief, Moder und Pest.

Abends in der Badewanne war bei mir unterm Dach nichts mehr zu spüren von den Bücherseelen. Stattdessen legte sich der Gestank der Bücher wie das Laken des Todes über unser Haus.

Es hagelte Beschwerden und die Hausverwaltung reagierte mit Kammerjägern, Desinfektionstrupps und einer Invasion von Feng-Shui-Räucherstäbchen, die auf das Karma der Buchhandlung feinjustiert waren. Die riechen ungefähr so, als glimme irgendwo in der Ecke ein altes, in Holzschutzmittel gebadetes Kuhfell.

Der Übelgeruch blieb. Hartnäckig und unermüdlich. Wie Schimmelbefall oder Merkel oder beides, hatte der Gott des Gestanks das Haus in seiner Gewalt.

Die Hausverwaltung hatte den Übeltäter schnell zur Hand. Dem Müllraum im Keller fehlte eine ausreichende Belüftung und bei Hausmüll in Verbindung mit dem Wetter, das wie glühende Kohlen in der Luft hing, entwickeln sich eben Gerüche. So ähnlich stand es jedenfalls in dem Schreiben an die Bewohner.

Das waren nicht bloß Gerüche. Hier roch es übel anders. In Katzenpisse eingelegter Harzerkäse kam dem am nächsten.

Aber ich war überzeugt: Es waren die Bücher.

Und zwar nicht irgendwelche Bücher.

Ich roch an allen Büchern der Buchhandlung, was übrigens für einiges Aufsehen sorgte. Der Gestank strömte aus dem „Morgenschiss" und diesem „Henry Dotter"-Ding.

Ich habe festgestellt, dass die Menschen einen erst belustigt, dann verstört und schließlich ängstlich ansehen, wenn man neben ihnen am Bücherregal steht und an den Buchrücken schnüffelt, wie ein kokainsüchtiger Nasenbär.

Die Bewohner unseres Hauses sah man kaum noch im Flur. Fenster und Türen waren fest verschlossen, trotz Temperaturen wie in der Fritteuse. Wenn überhaupt, wagten wir uns nur mit diesen Atemschutzmasken aus dem Baumarkt heraus und sahen aus wie eine japanische Reisegruppe, die den Hausflur fotografieren wollte.

Der einzige, der sich weder von dem Gestank, noch den mittlerweile 22 Millionen im Flur angesiedelten Fliegen abschrecken ließ, war der Mann mit den Gummihandschuhen. Er nervte Horst unablässig.

Die Fliegen nervten uns alle. Das Gesumm setzte sich im Ohr wie ein Tinnitus fest und ich denke, dass die Fliegenklatschenindustrie an uns ein mittleres Vermögen verdient hat.

Sie denken „ein paar Fliegen, was sollen die schon tun?".

Das waren nicht „ein paar Fliegen". Das waren Demos, Kundgebungen, Fliegenparteitage, Kongresse, Massentourismus. Das kam einer biblischen Plage gleich.

Und keine Fliegen, wie Sie sie kennen. Nicht die gemeine Haus- und Stubenfliege. Dicke Brummer, deren Geräusch an abstürzende Helikopter erinnerten. Fliegen, die so groß waren, die hatten längst Abitur und studierten wahrscheinlich schon Jura oder Nutella.

Ich bin Tierfreund und konnte früher keiner Fliege etwas zuleide tun. Das hat sich geändert. Heute möchte ich jeder Fliege etwas zuleide tun.

Während wieder einmal ein Desinfektionstrupp wie aus einem Science-Fiction-Film in weißen Schutzanzügen und Masken durch das Haus trampelte, traf mich der schnauzbärtige Gummihangschuhträger auf der Treppe. Auf seinen Gruß nuschelte ich ein minderhöfliches „Mhmm" durch meine Atemschutzmaske hervor.

„Der Herr Bublack ist wohl noch in der Dominikanischen Republik?" Es klang nach Verhör und Sarkasmus.

„Weiß nicht. Vielleicht ist er auch schon weiter gereist nach Kasachstan. Ich habe kein Postkarte bekommen!", entgegnete ich pampig.

Er klingelte Sturm und klopfte wie ein testosterongesteuerter Specht an die Tür.

„Herr Bublack!", rief er hinein. „Das nächste Mal komme ich mit einem Schlüsseldienst. Das hilft Ihnen gar nichts!"

„Glauben Sie, dass er Sie hört?", fragte ich kopfschüttelnd. „Die Dominikanische Republik ist weit weg, da müssen Sie schon ein wenig lauter rufen!" Grinsend nahm ich die Treppe nach unten.

Eine Woche später hatte der Typ vom Gericht Horsts Tür geöffnet. Aber keine Spur von Horst. Er pfändete 337 Pfandflaschen, zwei Handys und eine alte E-Gitarre ohne Saiten und ohne „E".

Als man Horsts Keller öffnete, um höchstwahrscheinlich nach weiteren Pfandflaschen zu suchen, fand man außer alten Zeitungen nichts.

Horst hatte mir immer gesagt, die alten Zeitungen hebe er auf, schließlich seien die ja noch gut. Alles noch lesbar.

Ich hatte auf seine entwaffnende Logik nie eine passende Antwort gefunden.

Als die Nachfrage nach den Bestsellern abebbte und sich die Lager in der Buchhandlung leerten, fand man im Keller zwischen Bücherpaletten Horst Bublack.

Die Polizei vermutete später, Horst sei zwischen Palettenlieferungen eingeklemmt gewesen und dann im Laufe des Sommers zu Fliegenfutter mutiert.

Ich wusste, er hatte sich vor den ständigen Zwangsbesuchen des Gerichtsfuzzis versteckt.

Der Gestank hielt sich noch einige Wochen, wie Fußpilz. Er verebbte nur zögerlich. So gesehen schlich sich Horst langsam aus unserem Leben. Die Buchhandlung hielt den Vorfall geheim. Die städtische Presse hat aus Rücksicht oder per Erpressung (die Buchhandlung schaltete schließlich Anzeigen in der Tagespresse) nicht über Horsts Bücherquetschung berichtet.

Wenn ich heute wieder abends in der Wanne liege, streift der Geist der Schriftsteller wieder um meinen Badeschaum. Die Seelen der Bücher entfalten sich wieder im warmen Badesalz. Manchmal summt eine Fliege durchs Bad. Ich beobachte sie und denke mir, vielleicht ist ein bisschen Horst in der Fliege. Schließlich haben sich die Fliegenmaden ja von ihm er... Ich zwinge mich, nicht weiterzudenken. Es wird ekelig.
Irgendwann setzt sie sich auf den Badewannenrand und schaut mich an. Ich greife zur Fliegenklatsche und K A W U M M !
Was denn?
Ich hätte auch Horst nicht auf meinem Badewannenrand geduldet.

KEFIR & DER KGB

Was haben Kefir und der KGB gemeinsam?

Eine der bahnbrechenden Erfindungen der letzen Jahre im Textilbereich ist das Gore-Tex. Wasserdicht und doch atmungsaktiv.

Das hat mit Kefir erst einmal nichts zu tun und nützt als Einleitung so wenig wie Rasendünger bei einer Reifenpanne.

Jetzt aber. Nächster Versuch.

Eine der ältesten Erfindungen im Bereich Milchwirtschaft ist der Kefir und Kefir stammt wie der KGB aus Russland.

Beide Wörter beginnen mit „K". Beide sind gefährlich.

Es wäre übertrieben zu behaupten, dass von Kefir dieselbe Gefahr ausgeht, wie vom KGB und Putin ist ja nicht nur ein böser Milchbubi, aber Kefir ist mindestens genauso fies wie der KGB.

Wenn der KGB Sie einmal hat, dann lässt er Sie nicht mehr los, wenn der Kefir Sie einmal hat, dann verhält es sich ähnlich.

Kefir ist im Grunde genommen ein Pilz.

Eigentlich wie Fußpilz, nur gesünder und nicht am Fuß.

Optisch gibt der Kefirpilz leider nicht viel her. Sieht aus wie ein schwammiger Plastikblumenkohl, den man neben Plastikzwiebeln und Kunstoffpaprika zur Deko in Fleischertheken legt.

Seine gummiartige Konsistenz gleicht Hundespielzeug.

Aber er hat's faustdick hinter den … Wenn er Ohren hätte, hätte er es da. Faustdick, meine ich. Ich hoffe, Sie kommen noch mit. Wenn nicht, dann fangen Sie doch nochmal von vorne an.

Legt man den Kefir in Milch, dann arbeitet der Pilz. Es entsteht ein sauer vergorenes Getränk. Der Kefir.

Je nachdem, wie lange man den Kefirpilz in der Milch lässt, kann das Gebräu auch alkoholisch werden.

Jetzt wissen Sie, warum es in Russland erfunden wurde.

Und Kefir wird geteilt. Nicht so wie auf Facebook, sondern physisch.

Ständig wird er geteilt und weitergegeben.

Vorwiegend, nein hauptsächlich, also eigentlich nur von und an Frauen. Frauen entwickeln eine beängstigende Liebe zum Kefirpilz und geben ihrem Liebling sogar Namen.

Der Pilz meiner Freundin heißt Bubele.

Bubele hat die Angewohnheit, sich an der Luft innerhalb von zwei Wochen zu verdoppeln und – da wir zuhause nicht anbauen wollten, jedenfalls nicht wegen eines Pilzes – wird er nach 10–14 Tagen geteilt und an Kollegen, Bekannte, Nachbarn oder Verwandte weiterverschenkt.

Um präzise zu sein, wird er an andere Frauen weiterverschenkt. Männer lehnen solche Art von Geschenken dankend ab.

Bei uns in der Straße leben mittlerweile hunderte Bubele-Nachkommen. Breiten sich aus wie Karnickel. Irgendwann wird das ganze Viertel verfilzt, verpilzt sein. Ein regelrechtes Bubele-Ghetto.

Und warum diese Ausbreitung, dieser Vormarsch des gummierten Blumenkohls? Er ist gesund! Und zwar laut Aussage meiner Freundin, ihrer Freundinnen und deren Freundinnen nicht nur gesund, sondern um präzise zu sein „so gesund".

Warum durch das Hinzufügen des Wortes „so" etwas superlativiert wird, ist übrigens reine Faulheit oder einfache Unwissenheit.

Korrekterweise sollte es „so wie" heißen, um dem „so" eine gewichtige Beschreibung zu geben.

So gesund wie Gin Tonic, zum Beispiel.

Jedenfalls ist Kefir ja „so gesund", weswegen die weibliche Nachbarschaft mittlerweile so eine Art Bubele-Club gegründet hat und dem Pilzgetränk bisweilen sogar magische Fähigkeiten nachsagt.

Egal, was du hast, Kefir hilft.

Kefir hilft gegen Allergie, hält das Immunsystem auf Trab, wirkt gegen Erkältung, Raucherhusten, Haarausfall, poröse Fußnägel und sogar gegen abbes Bein und Verlieren beim Elfmeterschießen. Wie das zusammenpasst, ist mir allerdings ein Rätsel.

Und das kann ich bisher leider nicht widerlegen, da in der Nachbarschaft kein Einbeiniger wohnt und bei uns in der Straße mit heute eingerechnet noch nie ein Elfmeterschießen stattgefunden hat.

Natürlich steigert es auch die Potenz, weswegen ein Mann das Getränk gar nicht ausschlagen darf, denn es ist der unterschwellige Ton in „es steigert die Potenz", der dich verzweifeln lässt.

Sagt meine Freundin das jetzt, weil ich es nötig habe oder weil sie es nötig hat?

Vollkommen egal, in beiden Fällen setzt du beherzt das Glas frischen Kefir an, hältst dir die Nase zu und dann runter mit dem Zeug auf ex.

Es war einer dieser Samstagmorgen, an dem meine Freundin für meinen Geschmack etwas zu gut gelaunt das Frühstück bereitete. So etwas sollte einen stutzig machen.

„Liebling, willst du Rühreier mit Krabben oder mit Speck?" flötete sie aus der Küche, während ich aus der Dusche balancierte.

Seit neuestem balanciere ich aus der Dusche, denn meine Freundin hat diese durchsichtige Plastikfussmatte mit Noppen, die aussehen wie platt gedrückte Kraken, weggeschmissen.

„Das sind reine Bakteriennester!"

„Aber unheimlich praktisch, denn in der Dusche auszurutschen, kann aua machen!", versuchte ich das tote Plastikseeungeheuer zu verteidigen.

„Außerdem setzen die Algen an!"

„Du meinst Schimmel." Ich bereute sofort, sie verbessert zu haben.

„Ja, das auch!" Die Worte knallten wie Peitschenhiebe.

Damit beendete sie das Gespräch und so landete der Kraken-vorleger in der gelben Tonne.

Jedenfalls balancierte ich gerade aus der Dusche, entschied mich lautrufend für Krabben und war sehr darauf bedacht, nicht auszurutschen. Meine Freundin hat nämlich unter der Hand, ganz im Vertrauen, einen Tipp von einer Freundin und deren Freundin bekommen, die Duschwanne und die gesam-te Duschkabine mit Autopolitur einzuwachsen und zu polieren. Sie ist zwar rutschig, aber man brauche die Dusche nur noch einmal im Jahr zu putzen. Das Wasser perle an der Autopolitur „so gut" ab.

„Das ist ein Trick aus der Raumfahrt!", hat sie damals gesagt, als ich sie mit der Poliermaschine in der Dusche vorfand.

„Seit wann braucht man Autopolitur in der Raumfahrt?"

„Dir muss man aber auch alles erklären!", pfefferte sie retour und beließ es dabei.

Das ist übrigens auch so ein Trick meiner Freundin. Wenn es ihr zu bunt wird, beendet sie jedwede Diskussion mit dem Satz.

„Dir muss man aber auch alles erklären!"

Das bedeutet im Klartext: Ich bin zu blöd und sie hat gera-de wichtigeres zu tun, als es mir zu erklären. Nämlich kniend mit einem 18er-Poliertelleraufsatz auf der Bohrmaschine die Duschkabine zu polieren.

Zurück zu den Rühreiern mit Krabben:

Seitdem der Bubele bei uns wohnte, achtete ich peinlich ge-nau darauf, mich nicht zu stoßen, zu schneiden oder zuhause zu husten oder gesundheitlich sonstwie aufzufallen, um nicht ein Glas Kefir mit den Worten „Trink das, das hilft!" kredenzt zu bekommen.

Ich muss zugeben, die Krabben mit dem warmen Ei dufteten an diesem Morgen besonders gourmethaft.

„Krabben haben viel Eiweiß, das ist gut für dich und nimm etwas vom Bubele, der gibt dir heute Nacht Kraft." Sie zwinker-te und wackelte mit dem Hintern.

Da war es wieder, das Gefühl, ohne Kefir nur ein halber Mann zu sein.

„War Sex in den Zeiten vor Kefir nicht gut genug?"

„Doch, aber ein wenig Bubele schadet nicht."

„Dann ist er doch überflüssig!" Ich wollte den Bubele gerade über den Tisch schieben, als sie sich mit der Bratpfanne und dem Krabbenrührei in der Hand umdrehte und angriffslustig wie ein giftgrüner Lamborghini im Rückspiegel auf mich zukam.

„Dir muss man aber auch alles erklären!"

Damit wollte ich mich nicht zufriedengeben. Dem Bubele-Terror musste Einhalt geboten werden.

„Dann erklär's mir!"

„Wenn du den Bubele nicht trinkst, dann kannst du deinen Bubele heute Nacht selber flöten!" Sie wedelte warnend mit dem Rührei vor meiner Nase.

Das war eindeutig.

Ich bin eben käuflich, daher nahm ich, um ihr meine besten Absichten zu zeigen, das größere Glas Kefir, hielt mir die Nase zu und kippte es auf einmal hinunter.

Im gleichen Moment schrie meine Freundin.

„Nicht den!"

Es war das falsche Glas. Zu spät.

Ich bemerkte den Fremdkörper in meinem Mund.

Irgendwie erschein mir alles wie in Zeitlupe, aber ohne dass ich eingreifen konnte.

Die grobkörnige Konsistenz des Kefirpilzes rumpelte über meine Zunge wie eine verschimmelte Walnuss.

Ich versuchte, das Ding mit den Zähnen zu halten, biss aber etwas von diesem Gummipilz ab.

Als die abgebissene Bubeleknolle langsam und merklich spürbar meine Speiseröhre hinabrutschte und schließlich steckenblieb, war mein Würgreflex nicht mehr zu kontrollieren und ich spuckte den Restpilz, der im Mund verblieben war, aus – in die Bratpfanne zu dem Krabbenrührei.

Volltreffer!

Ich versuchte, den Gummipilzbrocken entweder hervorzuwürgen oder endlich ganz hinunterzuschlucken, aber meine

Freundin machte mir schwersten Vorwürfe.

„Diese Hälfte war für Frau Hellmann, die an der Kasse bei Lidl sitzt."

Und wenn das Ding für den Kaiser von Itzehoe gewesen wäre. Ich wollte das Ding nur aus meinem Hals loswerden.

Der halbe Bubele saß wie ein Korken fest in meinem Hals quer, als mir meine Freundin mit aller Kraft auf den Rücken haute.

Als wäre es die Vorhand von Bobbele, dachte ich noch, und der Pilzkorken rutschte vollends hinab.

Zumindest war die Speiseröhre wieder frei, aber das Gefühl, diesen fiesen KGB-Pilz im Magen zu haben, war so als hätte ich eine giftige Kröte mit extrascharfem Senf verschluckt.

Das Frühstück war gelaufen, die Krabben mit Ausgekotztem verdünnt und Frau Hellmann musste wohl oder übel ohne Pilz ins Wochenende gehen.

Der Super-GAU aber war, dass auch der Pilz meiner Freundin ungenießbar war. Aus ihrer Sicht der Super-GAU, aus meiner Sicht eher ein Lottosechser.

Zwar konnte man den Bubele unter kaltem Wasser abwaschen, aber das Ausgekotzte einfach nur abzuwaschen schien auch meiner Freundin übermäßig unappetitlich.

„Sorry, aber dann muss Frau Hellmann von jemand anderem so einen Kefirpilz bekommen."

„Dir muss man aber auch alles erklären!"

17 Stunden später. Berliner Ringautobahn. Zwei Uhr nachts auf dem Beifahrersitz eines ranzigen Opel Corsa.

Der 45-PS-Motor klang nach einem Pürierstab und das Getriebe ächzte bei jedem Gangwechsel wie Gewichtheber.

Jörg, alter Kumpel aus Jugendtagen, fuhr mich nachhause. Ich war zu betrunken. Er auch, fuhr aber auf volles Risiko. Wir kamen vom Grillen am Liepnitzsee.

Bier, Jägermeister, Schinkengriller und fettige Nackenkoteletts kullerten bei jeder Kurve wie lose Murmeln in meinem Magen umher. Beim Bremsen türmte sich das Gemisch gefährlich hoch in Richtung Halskrause auf.

Das restliche Grillfleisch, sowie zwei angebrochene Schaschlik-saucen lagen im Rucksack zu meinen Füßen. Er gehörte meiner Freundin, ich hatte ihn ausgeborgt.

Aus den zu klein dimensionierten Lautsprechern krächzten die Stones ihr „I can't get no Satisfaction".

Im ersten Moment dachte ich noch absurd, wieso der Wagen vor uns eine Leuchtreklame in der Heckscheibe hatte, als ich die Worte: „Stopp, Polizei" erkannte.

„Oha!", sagte ich knapp. Mehr fiel mir nicht ein. Aber „Oha" kann ja auch sehr vielsagend sein.

„Scheiße. Alter. Du sagst kein Wort!", raunzte Jörg mich an. Er wirke gefasst.

Die Taschenlampe des Polizisten wanderte im Innenraum wie ein Suchscheinwerfer umher und während er sich Fahrzeugpapiere und Führerschein aushändigen ließ, sagte ich kein Wort. Da saßen wir im Corsa auf dem Standstreifen, die Polizisten in ihrem Auto hinter uns und fütterten wohl ihren Computer mit Jörgs Daten.

Und dann begann es.

Langsam, dennoch bohrend wie ein schleimiger Regenwurm krabbelte das Jägermeister-Fleisch-Gemisch meine Magen-innenwände hoch.

Scheiße, dachte ich.

Da meldete sich in meinem Kopf eine Stimme. Sie gehörte zu Frau Hellmann.

„Dagegen hilft Kefir!" hörte ich sie von der Lidlkasse rufen und augenblicklich hatte ich dieses Déjà-vu.

Der gummierte Blumenkohltumor, der Kotzbrocken in mei-nem Mund. Der ausgekotzte Pilz in der Bratpfanne mit dem Rührei.

Ich erkannte den säuerlichen Geruch. Das pelzige Gefühl auf der Zunge, als ob ich an einem toten Hamster lutschte. Das reichte.

Blitzschnell überblickte ich wie ein Kung-Fu-Meister die Situa-tion und wägte meine Optionen ab.

Würde ich jetzt die Tür aufreißen, mich aus der Beifahrerseite auf den Standstreifen übergeben, müsste Jörg mit tausendprozentiger Sicherheit pusten. Bisher sah es unerklärlicherweise so aus, als ob er drumherum kommen würde. Das war also keine Option.

Mir blieb nur eine Wahl. Ich tat das, was jeder anständige Jugendfreund tun würde. Mit einem gezielten Griff nahm ich entschlossen den Rucksack zu meinen Füßen, zog professionell den Reißverschluss auf und entleerte meinen Mageninhalt in das Innere.

Wortlos zog ich den Reißverschluss wieder zu, stellte den Rucksack zurück in den Fußraum und sah Jörg so ungezwungen wie möglich an, als ob nichts gewesen wäre.

Der schüttelte den Kopf und sagte nur:

„Respekt, Alter!"

Jörg hatte nicht pusten müssen und ich wurde zuhause abgesetzt. Wir verloren während der Fahrt kein Wort über den Vorfall, wussten aber beide, dass ich seinen Führerschein gerettet hatte.

Am nächsten Morgen dauerte es etwas, bis ich in die Gänge kam und kauerte wie ein geschmolzener Gartenzwerg in der Küche über meinem Pott Kaffee. Heute gab es kein Krabbenrührei. Meine Freundin räumte auf, wischte, saugte Staub.

„Hier stinkt's!", sagte sie unvermittelt.

Ich erstarrte und wusste sofort, was es war.

„Und zwar gewaltig!", fügte sie energisch hinzu.

„Ich riech nix!"

„Wenn ich's dir sage. Hier stinkt's gewaltig!"

Ich entschied mich für die Wiederholungstaktik.

„Ich riech nix!"

Gore-Tex hat die Eigenschaft, wasserdicht und dennoch atmungsaktiv zu sein. Ihr Rucksack war aus Gore-Tex und was da atmete, war das, was da stank.

Sie hielt ihre Nase in die Luft und schnüffelte wie ein Werwolf in Jogginghose und Schlabbershirt durch den Flur. Es dauerte nur Sekunden, bis sie den Übertäter hatte.

„Das kommt aus meinem Rucksack!" Sie feuerte kurze Blitze in meine Richtung. „Hast du etwa noch die Grillsachen da drin?"

„Nicht nur Grillsachen…!", rief ich warnend, aber zu spät. Als sie ihn öffnete hatte ich das Gefühl, eine grüne Wolke entweiche dem Rucksack.

Ihr Gesicht verfärbte sich jedenfalls augenblicklich grün.

Sie schleuderte den Rucksack in die Küche und der Inhalt ergoss sich vor meinen Füßen auf den Küchenfußboden. Da war er wieder. Der Würgreflex.

„Du Schwein!"

Ich reagierte, wie man in einer solchen Situation nur reagieren kann.

„Wer hat denn da in meinen Rucksack gekotzt? Wenn ich den erwische!"

Ich verbrachte den Tag damit, den Küchenfußboden zu säubern, den Rucksack zu reinigen, zu desinfizieren und meinen Kater in den Griff zu bekommen, während meine Freundin die Wohnung mit der offenen Drohung, „Wehe, das ist nicht alles wieder blitzblank, wenn ich zurück bin!" verlassen hatte.

Gegen Abend hatte ich alles soweit wieder im Originalzustand, bis auf meinen Kopf, der wummerte noch wie ein Subwoofer. Die Tür ging auf, sie kam herein, sah den Rucksack auf der Wäscheleine und stellte ein Glas mit Kefirpilz auf den Tisch. Überglücklich und voller Freude über ihren Neuzugang sagte sie:

„Das ist unser neuer Pilz. Ich habe ihn Horst getauft!"

„Sag es nicht, der hilft sich gegen Kater, richtig?", fragte ich resignierend.

„Dir muss man ja doch nicht immer alles erklären." Sie setzte Horst in ein Glas Milch

Seitdem trinke ich jeden Morgen vergorenen Horst, denke an den Rucksack, an Jörgs Führerschein und wie schön es doch beim KGB sein könnte.

KING KONG
UND DIE WEISSE BARBIE

Mit zehn Jahren sah ich beinahe meinen ersten Horrorfilm. Heute betrachtet war „King Kong und die weiße Frau" nicht wirklich ein Horrorstreifen. Da macht mir pelzig grüner Magerquark mehr Angst und die Spezialeffekte sind sogar bei „Bob der Baumeister" besser.

Wir, das waren vier Jungs aus der Schule, übernachteten alle zusammen bei John Wayne.

Seine Eltern würden an diesem Abend ausgehen, aber um Mitternacht wiederkommen. Und wir durften fernsehen.

John Wayne wohnte im Sophienring 43 im zweiten Stock und war in der Schule besser bekannt als Joachim Schinger.

Aber, betonte John Wayne bei jeder sich bietenden Gelegenheit, so hieß er nur, weil seine Eltern Joachim besser als John fanden, und es sei auch nur Zufall gewesen, dass sein Vater Schinger und nicht Wayne hieß.

Joachim, äh, also John Wayne war der festen Überzeugung, dass niemand näher dran war, John Wayne zu heißen, als er. Außer John Wayne selbst natürlich. Also, der echte.

Bis heute habe ich mein persönliches Motto an diese Begebenheit geknüpft.

„Sei immer du selbst, außer du kannst John Wayne sein, dann sei immer John Wayne!"

Jedenfalls war für die Übernachtungsparty schon mal horrormäßig Hochspannung angesagt, denn ab 22.15 Uhr lief in der ARD „King Kong und die weiße Frau". Die Originalfassung von

1933. Schwarz-weiß, Plastikgorilla und so. Also, wir wussten ja gar nicht, was Originalfassung war und außerdem waren wir in einem Alter, in dem wir das, was im Fernsehen lief, glaubten.

Farbfernsehen war 1975 zwar bereits erfunden, aber noch nicht so verbreitet, sodass Schwarz-Weiß-Filme eher Normalität waren.

Die anderen Jungs waren Klaus Rektor, dessen hervorstechendste Eigenschaft seine feuchte Aussprache war.

Klaus' Lippenmuskeln musste man sich wie zwei Scheiben labbrigen Toast vorstellen, die soweit aus seinem Gesicht herausragten, dass eine Taube bequem drauf hätte sitzen und gurren können.

Zudem konnte man Klaus' Speichelproduktion als übermäßig bezeichnen. Während ein erwachsener Mensch ca. 1½ Liter Speichel täglich produziert, schien Klaus' Mundhöhle ein ewiger Quell zu sein. Flaschenabfüllung wäre möglich gewesen, aber wer will das schon?

Wir hatten für Klaus den Spitznamen „Munddusche", obwohl die Munddusche zu dieser Zeit noch gar nicht erfunden war.

An den Namen des vierten Jungen unsere Übernachtungspartybande kann ich mich leider nicht mehr erinnern.

Hängengeblieben ist mir nur sein unangenehmer Geruch und dass er ständig Domino spielen wollte. Er hatte immer ein Dominospiel dabei.

Ausgerechnet an diesem Wochenende litt er unter fürchterlichen Blähungen und immer, wenn ihm einer entwichen war, öffneten sich seine Augen unnatürlich weit, bis das Weiße in seinen Augen hervortrat. Eine Mischung aus ein bisschen Bambi und ein bisschen Zombie mit einem Dominofetisch..

Dieser Samstag versprach, in die Geschichte einzugehen. Vier Jungs, Cola, Flips und ein Matratzenlager. Ein Schwarz-Weiß-Fernseher mit UHF-Drehknöpfen und V-Antenne, der John Waynes Vater gehörte und ab 22.15 Uhr „King Kong und die weiße Frau". Für uns der ultimative Horrorfilm.

Ja, kein Zweifel, wir waren in der wirklichen Welt angekommen.

Uns konnte man nichts mehr vormachen. Wir waren groß!

Wir fühlten uns so erwachsen, dass ich mich am liebsten sofort wie in dieser Wilkinson Werbung rasieren wollte. Aber ich hatte Angst davor, mich zu schneiden. Ich konnte damals noch kein Blut sehen.

Kann ich übrigens heute noch nicht. Meine Freundin, sie ist Ärztin, sagt, dass ich das ganz einfach in den Griff kriegen könnte. Ich müsste nur die Augen aufmachen.

Jedenfalls, da saßen wir hartgesottenen Mietshaus-Cowboys in John Waynes Zimmer und spielten Domino, als Frau Schinger hereinkam. Ihre Haut hatte eine seltsam rosa Farbe. Ein wenig wie Teewurst. Wir sagten alle brav:

„Guten Abend, Frau Schinger!"

„Ach, wie süß", sagte sie und strich einem von uns über die Haare. „Für euch bin ich doch nicht Frau Schinger"

„Genau!", rief John Wayne dazwischen. „Für euch ist das Misses Wayne! Merkt euch das, ihr Gringos!"

„Fängst du schon wieder mit diesem John-Wayne-Blödsinn an?", sagte sie leicht genervt. „Wie oft soll ich dir noch sagen, du bist Joachim. Niemand sonst. Und Joachim ist ein toller Name.

„Mein Opa hatte mal einen stotternden, einäugigen Goldfisch, der hieß Joachim", sagte ich unüberlegt. Wie kam ich nur in diesen Moment darauf?

Aus Klaus' Lippen sprudelte Lachregen auf uns nieder. Lachregen bedeutete in diesem Falle ein gruseliges Spucke-Cola-Flips-Gemisch.

Frau Schinger hielt ihr Lächeln zurück sowie der Bambi-Zombie seinen Pups im Zaum hielt. Joachim sah mich giftig an. Bei seinem Namen verstand er wohl keinen Spaß. Obwohl, das war kein Spaß gewesen. Der Goldfisch hieß wirklich so.

„Und der blinde, kastrierte Kater von nebenan heißt Benjamin. So!", wetterte John Wayne.

„Wird man vom Kastrieren blind?", fragte Bambi-Zombie. Seine Augen weiteten sich und plötzlich stank es nach faulen Eiern und nach ganz, ganz lange totem Fisch.

„Quatsch, von deinen Furzen wird man blind!", hänselte John Wayne. „Außerdem weißt du Blödmann doch gar nicht, was kastriert ist!"

„Doch, sagte der Domino-Furzer. Kastriert ist das Gegenteil von Kariert!"

„So ein Scheiß!", gab John Wayne kontra. „Kastriert ist, wenn man auf schwule Frauen steht!"

Ich fühlte mich irgendwie deplatziert. Die Jungs waren zehn und hatten den Intelligenzquotienten einer Tischkante.

Kastriert war man, wenn man keine Eier hatte, und jedes Kind weiß, das Gegenteil von kariert ist lasiert. Ich beschloss, mich um die Flips zu kümmern.

„Joachim! Das reicht!", Frau Schingers Stimme klang nach Ärger.

„Aber Misses Wayne", antwortete Joachim. „Er hat angefangen!"

„Mir egal. Und nenn' mich nicht Misses Wayne. Ich bin deine Mutter!", ihr Zeigefinger stand aufrecht wie eine erigierte Teewurst.

Klaus Rektors öffnete seinen oralen Springbrunnen und ergoss sich über uns:

„Was, echt, der Kater von nebenan ist schwul? Woher wisst ihr das?"

Mit jedem Wort stieg die Luftfeuchtigkeit.

„Klaus, sprich nicht so von dem Kater unserer Nachbarn und Joachim, du entschuldigst dich auf der Stelle." Frau Schingers Teewurst schwang nun bedrohlich, einer angriffslustigen Cobra gleich.

Ich leerte die Schüssel mit den Flips, stopfte sie mir wie ein fresswütiger Hamster in den Mund.

„John Wayne entschuldigt sich niemals. John Wayne ist der König des wilden Westens."

„Pass mal auf, Freundchen!" Jetzt kam Mutter Schinger in Fahrt.

„Der König des wilden Westens kann gleich der König im „Alleine-zu-Bett-gehen-ohne-Fernsehen" werden.

Die Flips waren leer und da ich nicht wusste, was ich sonst tun sollte, probierte ich, an den Dominosteinen zu lutschen.

Geschmacklich nicht mit den Flips zu vergleichen, aber zumindest hatte ich etwas zu tun und wusste, was ich mit meinen Händen machen sollte.

„Du hast mir gar nichts zu sagen, Misses Wayne!" So klang ein bockiger John Wayne. „Papa hat mir erlaubt, dass meine Freunde heute hier schlafen und wir King Kong sehen."

„Meinst du nun Papa oder Sheriff Wayne?", Mutter Schinger brachte Sarkasmus ins Spiel.

„Natürlich Sheriff Wayne!", motze Sohnemann.

Während ich an dem Dominostein lutschte, machte Bambi-Zombie mir gegenüber große Augen.

„Friss' nicht meine Dominosteine, du Spasti!"

Er ließ vor Aufregung die Essenz zweier fauler Eier zwischen seinen Pobacken entweichen.

Ich fühlte mich ertappt. Angriff war die beste Verteidigung und so entgegnete ich selbstbewusst wie ein geübter Domino-Gourmet:

„Ich fresse sie nicht, ich lutsche daran! Und sie schmecken scheiße, so wie deine faulen Eier, die du die ganze Zeit hier verteilst! Selber Spasti!", fügte ich vorsichtshalber noch hinzu.

Er bewarf mich mit einem Dominostein.

Erst nur mit einem, dann nahm er einen zweiten und dritten und schließlich schrie er mich an und warf alles, was in greifbarer Nähe war, nach mir.

Als die Cola-Flasche angeflogen kam, wehrte ich sie reflexartig mit dem Arm ab. Sie landete vor Frau Schingers Füßen. Der Deckel ploppte auf und die sprudelnde Cola entlud sich wie ein Geysir auf Misses Waynes helle Hose.

Klaus Rektor konnte nicht mehr an sich halten. Er lachte alle Flüssigkeiten, die sein Körper gebildet hatte, hinaus, was angesichts des Liters Cola nicht weiter auffiel, aber dennoch ekelig war.

Dann warf sich John Wayne auf mich.

„Na warte. Du hast die Frau des Sheriffs angespritzt!"

„Ich war das nicht!", versuchte ich ihn zu beruhigen. Das war der Furzkopf, wegen seiner scheiß Dominosteine. Der warf sich daraufhin ebenfalls auf mich und plötzlich war in John Waynes Kinderzimmer High Noon.

Das Letzte, was ich hörte, bevor es schwarz um mich herum wurde, war die Stimme von Frau Schinger, die ihren Sheriff rief.

In dieser Nacht wachte ich im Universitäts-Krankenhaus auf. Ich trug ein kotzgrünes Nachthemd. Marke „hinten offenes Scheunentor". Über mir so ein Galgen, an dem sich alte Leute hochziehen. Das war kein Kinderkrankenzimmer.

Neben mir lag ein Opa, der – sich gerade erleichternd – wie ein Gewichtheber stöhnte und kurz darauf eine gutgefüllte Bettpfanne unter der Bettdecke hervorbalancierte. Dagegen war der Bambi-Zombie ein Lufterfrischer.

Mein Hals fühlte sich an, als hätte den jemand mit einem Kärcher und ordentlich Essigreiniger durchgespült.

„Ah, unser kleiner Domino-Unfall ist aufgewacht!", flüsterte die blonde Krankenschwester, die gerade hereinkam, um die Bettpfanne des Opas zu entführen.

Ich wollte etwas sagen, aber es brannte so sehr, als gurgelte ich mit Batteriesäure.

„Du hast uns einen ganz schönen Schrecken eingejagt", sagte sie, nahm mein Handgelenk und fühlte den Puls ohne aufzuhören weiter zu reden. „Du hattest einen Dominostein verschluckt, der sich quer in deiner Speiseröhre verkeilt hatte!" Sie tätschelte mir wie Misses Wayne über den Kopf. „Warst blau wie 'n Schlumpf!", lachte sie. „Aber morgen ist alles wieder gut und du kannst nachhause gehen. Versprochen!" Sie beugte sich über mich zur anderen Seite des Bettes, zog den Klingelknopf am Kabel hoch und wickelte ihn über den Galgen über mir, während mir ihre Brüste wie prall gefüllte Einkaufstüten vor dem Gesicht baumelten.

In dieser Nacht hatte ich meine erste Krankenschwesterphantasie.

Es sollten noch viele weitere folgen, aber das ist eine andere Geschichte.

Jedenfalls war der Dominostein jetzt in Gefangenschaft. In meinem Magen. Der Dominostein, so sagte die Krankenschwester, wird wie ein Ausbrecher aus dem berühmten Gefängnis Alcatraz seine Flucht planen. Und zwar durch einen fünf Meter langen Abwasserkanal, meinen Darm, wird er sich hindurchzwängen und dann irgendwann in den nächsten Tagen in der Toilette landen. Sie lachte. Ihr gefiel der Vergleich. Mir nicht, denn ich hatte die Befürchtung, dass sich der Austritt ähnlich wie der Eintritt anfühlen würde. Also wie mit einem Kärcher und jeder Menge Essigreiniger.

Zu Ihrer Information: Ich habe den Dominostein nie wieder gesehen.

Jedenfalls habe ich wegen John Wayne und diesem blöden Dominostein meinen ersten Horrorfilm verpasst. Wobei, verpasst ist ja nicht richtig. Mein erster Horrorfilm wurde nur in der Zeitachse nach hinten verschoben, aber ich war damals zehn und dachte, dass ich „King Kong und die weiße Frau" niemals sehen würde. Und so weinte ich leise in das kotzgrüne Nachthemd.

Der Opa, dessen Darm entleert war, erbarmte sich meiner und erzählte mir in dieser Nacht, was im Empire State Building wirklich geschah als King Kong die Fassade hinaufkletterte:

New York, 1931

Eine kalte Novembernacht in New York. Der Regen prasselt wütend und schwerfällig herab. Trotz Straßenbeleuchtung ist es dunkel wie in einem zugekniffenen Arschloch.

In einem kleinen Kinderbett im Stadtteil Queens weint sich die kleine Caroline Smith in den Schlaf. Ihre kleine Puppe Conny ist unauffindbar. 214 Mal wird in dieser Nacht die Zeche geprellt. Vierzehn Fußgänger werden angefahren. Ein Obdachloser verstirbt an einer verschluckten Mandel. Außerdem kommen drei Hunde und einundzwanzig Katzen unter die Räder.

Ein Taxifahrer überfährt beinahe einen Schimpansen und wer weiß, was noch so alles passiert.

In dieser Nacht ist Wachhund Chico im Einsatz.

Chico kommt ganz frisch von der Wachhundeschule und ist in seiner ersten Nachtschicht als Wachhund in New York im Empire State Building eingesetzt.

Die Würfel des Schicksals haben in dieser Nacht Doppelschicht und Chicos Schicksal würfelt einen Sechserpasch nach dem anderen. Ausgerechnet in seinem ersten Nachteinsatz als Wachhund entscheidet sich niemand geringeres als der König des Dschungels, der Herr der vergessenen Welten, King Kong himself, die Fassade des Empire State Buildings hochzuklettern.

Etwa gegen Mitternacht hört Chico seltsame Kratzgeräusche aus den Stockwerken über ihm. Seine Ohren sind auf Radar gestellt und bewegen sich wie suchende Satellitenschüsseln auf einem Campingplatz. So wie er es in der Hundeschule gelernt hat, schleicht er sich in das dritte Stockwerk, um die Ursache des Kratzens zu lokalisieren.

Chico ist, das kann man ruhig sagen, mit der Situation, die sich ihm bietet schlichtweg überfordert. Darauf hat ihn in der Hundeakademie niemand vorbereitet. Er greift zum Walkie-Talkie und ruft die Zentrale.

„Hallo Zentrale, hier Wachhund Chico vom Empire State. Wir haben hier ein …", er stockt. „Ein Problem."

„Hier Zentrale, was ist los?"

„Im dritten Stock ist … äh, jemand durchs Fenster rein …"

„Ein Einbruch?"

„Zentrale, ich weiß nicht, also ja, und eigentlich auch nein."

„Was heißt hier ja und nein, Wachhund Chico? Ist jemand eingebrochen oder nicht?"

„Ja, das Fenster ist kaputt, aber der Einbrecher ist nicht hereingekommen, jedenfalls nicht ganz."

„Wachhund Chico, Sie haben den Einbrecher also auf frischer Tat ertappt? Bravo! Dann stellen Sie den Einbrecher und warten Sie auf Verstärkung!"

„Äh, Zentrale, wie soll ich den stellen?"

„Haben Sie in der Hundeschule nicht aufgepasst? Stellen! Sie kläffen, fletschen, knurren und lassen den Einbrecher nicht weg, bis die Polizei kommt."

„Zentrale. Zähnefletschen reicht hier nicht aus. Ich hab schon „Kusch, kusch, fort mit Dir, Du stinkender Affe" gerufen, aber auch das hat nichts genützt."

„Sie haben was?" Die Stimme der Zentrale wird ungehalten.

„Kusch, kusch. Sehen Sie, da steckt ein Gorillafuß im Fenster."

„Wachhund Chico, haben Sie getrunken?"

Chico beugt sich an das andere Fenster.

„Zentrale. Der dazugehörige Gorilla steht draußen auf dem Fenstersims."

„Dann beißen Sie ihn in den Fuß!"

„Der ist aber groß!"

„Haben Sie etwa Angst, ihn zu beißen? Was heißt groß?"

„Na, so wie 'ne Badewanne!"

„Was?"

„Der Fuß. Nur der Fuß hat die Größe einer Badewanne. Der ganze Gorilla ist so vier bis fünf Stockwerke groß!"

„Dann beißen Sie ihn!"

„Wissen Sie, Zentrale, da draußen fliegen Flugzeuge, die ihn beschießen. Und das scheint ihm nicht allzu viel auszumachen. Ich glaube, wenn ich ihn beiße, denkt er, ich lutsche an seinem großen Zeh."

„Aber es ist verboten, an Hochhäusern hochzuklettern!", ereifert sich die Zentrale.

„Selbst wenn der Gorilla das weiß, und ich bezweifle das, dann ist es ihm wohl scheißegal." Chico betrachtet die Zehennägel des Gorillas. Sie erinnern ihn an schmutzige Dachziegel.

„Wachhund Chico, locken Sie ihn da weg. Am besten mit einer Banane!"

„Das wird nicht funktionieren!", Chico schüttelt den Kopf.

„Ach ja, und woher wissen Sie das, he?"

„Sehen Sie, Zentrale, der trägt 'ne blonde Frau im Nachthemd mit sich herum. Die wird er wohl kaum gegen eine Banane eintauschen. So blöd ist der Affe nun auch wieder nicht!"

„Was? Eine Frau? Wessen Frau?"

„Keine Ahnung. Ist jedenfalls nicht seine Frau, er trägt ja keinen Ehering."

„Als ob Gorillas Eheringe tragen, Sie blöder Hund!

„Wissen Sie, was ich mich gerade frage, Zentrale?"

„Was?"

„Warum kriegen eigentlich immer die größten Affen die geilsten Schnallen?"

„Jetzt reicht's, Wachhund Chico. Sie kriegen den Affen jetzt vom Gebäude, egal wie!"

„Ach ja, und wie soll ich das anstellen? Wissen Sie, was ein 40 Tonnen schwerer Gorilla tut?"

„Nein!"

„Was er will!"

„Na, dann kommen Sie mit ihm ins Gespräch. Schließlich sind Sie ausgebildeter Wachhund!"

„Na toll, was soll ich ihn denn fragen? Wer hat die Kokosnuss geklaut, oder was?"

„Seien Sie kein Trottel. Fragen Sie ihn, wo er hin will!"

„Na, wohin wohl. Nach oben!"

„Ja, aber da geht's nicht weiter!"

„Na, dann sag ich's ihm erst recht nicht. Ich will nicht die arme Sau sein, die ihm die Nachricht überbringt, dass die ganze Kletterei und Flugzeugknallerei umsonst waren."

Der Rest der Unterhaltung ist leider unbekannt, da ich irgendwann einschlief, während mir der Opa die Geschichte erzählte. Ich habe den Opa mit der Bettpfanne nie wiedergesehen. Aber er hat meine Sicht auf die Welt verändert und maßgeblich meinen Humor geprägt.
Ich danke ihm dafür herzlichst!
Und wissen Sie, höchstwahrscheinlich war das ja gar kein Riesengorilla damals, sondern nur ein Schimpanse, der aus dem Zoo ausgebrochen war.

Er hieß Ping Pong, denn diese Zoomitarbeiter geben den Viechern immer so komische Namen. Und weil die Großstadtnacht fremd und einsam war, kletterte der kleine Ping Pong bis auf die Knochen durchnässt vom fiesen New Yorker Novemberregen durchs Fenster ins Empire State Building und fand dort die kleine Puppe der Caroline Smith, die sie beim Schulausflug im Empire State Building verloren hatte.

Epilog (weil es sich so verdammt literarisch anhört)

1920 wirkte Merian Caldwell Cooper maßgeblich am „Wunder an der Weichsel" mit. Der amerikanische Pilot organisierte das 7. Jagdgeschwader, das in der Schlacht von Warschau der roten Armee unter Lenins Führung den entscheidenden Stoß versetzte. Lenin war damals nahe daran gewesen, Polen zu besetzen. Die Lage für die Polen schien aussichtslos, doch als die Piloten unter Coopers Führung die rote Armee zurückdrängten, wendete sich das Blatt und wie durch ein Wunder wurde 1920 an der Weichsel die Schlacht doch noch gewonnen.
Colonel Cooper war ein Held und wurde entsprechend gefeiert.
Aber welche Heldentat konnte ein Mann wie er noch begehen? Denn der Ruhm aus Polen verblasste in den USA zu einem Nichts.
Als Cooper 1930 die klitzekleine Meldung auf Seite 38 in der New York Times las, dass der aus dem Zoo ausgebrochene Schimpanse Ping Pong einen Alarm im Empire State Building ausgelöst hatte und die Polizei ihn mit einer kleine Puppe in der Hand in der Lobby einfing, da entdeckte er die Möglichkeit, noch einmal ein Held zu sein.
Er ersponn eine Gesichte, in der er, Colonel Merian Caldwell Cooper, die berühmteste Stadt der Welt rettete. New York.
Und damit nicht genug, er würde die berühmteste Stadt der Welt vor dem größten und abscheulichsten Monster retten, das die Welt je gesehen hatte: Dem abscheulichen Riesen-

affen Ping Pong. (Der Name wurde später von der Redaktion in King Kong geändert).

Er würde persönlich das Flugzeug fliegen, das dem Gorilla den Todesschuss gab. Er wäre wieder ein Held. Der Held.

Merian Caldwell Cooper erhielt einen Stern auf dem berühmten „Walk of Fame" in Hollywood als Regisseur eines der bis heute bekanntesten Filme:

„King Kong und die weiße Frau".

Ich bin ein großer Tierfreund. Habe zwei Hunde und hätte auch gern eine Katze. Katzen haben so was Kuscheliges, Süßes. Wussten Sie, dass Katzen, wenn sie einen halben Meter größer wären, plötzlich nicht mehr kuschelig und süß wären und man selbst plötzlich auf deren Speiseplan stehen könnte? Bei Katzen ist es also nur eine Frage der Größe, ob und in wie weit sie süß und kuschelig sind.

MEIN NACHBAR HAT SEINE FELGEN POLIERT

Sie trug wieder dieses Streifenkleid. Gelb, schwarz. Einer übergroßen Biene gleich, stolzierte sie damit auf und ab. Ich hatte oft das Gefühl, sie wisse eigentlich nicht wirklich, wohin.

Sie erinnerte mich an die Zeit um 1983 am Lago Maggiore, als ich als Aushilfskellner in einem kleinen, in die Jahre gekommenen Hotel in dem kleinen Örtchen Baveno jobbte.

Sergio Tacchini, mein Boss, so groß wie eine Zündkerze, ragte kaum über den Tresen, weshalb er sich an dem Teil des Tresens, an dem die Kasse stand, einen kleinen quietschgelben Kunststofftritt aufgebaut hatte.

Wenn es um Geld ging, dann bewies er Größe.

Bestellte man Espresso bei Tacchini, dann entsprang aus den Tiefen hinterm Tresen ein Fauchen und Zischen als kämpfe er mit einem Drachen um diesen Espresso. Zwischendurch konnte man Tacchinis dunklen, gut geölten Haarschopf wie einen schwebenden Wischmopp erkennen. Immer dort, wo der Wischmopp auftauchte, polterte es und Tacchinis betont langes „Mama Mia" hing in der Luft wie gehaltvoller Chianti.

Und dann, in dem Moment der Stille, reichte eine kleine behaarte Kinderhand mit Falten und Muttermalen mit den Worten „Prego" die dampfende Tasse über den Tresen.

Tacchini war so klein, dass man fast versucht war, ihn zu mögen.

1983 war die Zeit der großen Mobiltelefone. Handlich wie ein Brikett, eine Antenne, die man auszog als ob man gleich angeln gehen würde, und ständig musste man in Bewegung sein, um die Funkzelle zu erwischen.

Tacchinis ganzer Stolz war, neben seiner fauchenden Espressomaschine, dieses Telefon. Wenn er nicht gerade hinterm Tresen um einen Espresso kämpfte, dann sah man ihn auf der Straße vor seinem Hotel demonstrativ auf und ab laufen. Das Telefon von einer Hand in die andere Hand verlagernd, in die Höhe haltend oder wild schwenkend kämpfte er um Empfang und dann und wann, wenn sich der Empfang überhaupt nicht einstellen wollte, holte er seinen quietschgelben Kunststofftritt heraus und stellte sich mitten auf die Straße.

Dann erinnerte er mich an einen sonnengebräunten Zwerg auf einem gelben Legostein, der mit einem glänzenden Brikett angelte.

Wenn Tacchini telefonierte, lief er planlos umher, so ähnlich wie Balea in ihrem schwarz-gelben Kleid. Bei ihr war es nicht direkt Eile oder Hektik, eher eine ungeduldige Unlust, die an ihr fraß. Sie versprühte die Lebensfreude einer abgebrannten Friedhofskerze.

Zugegeben, das Kleid stand ihr über alle Maßen, wie eine zweite Haut. Aber ich habe noch nie gesehen, dass ihr wohlgeformter Körper nicht in diesem Kleid steckte.

Ich kann nicht sagen, was mich ritt, sie mehrmals die Woche zu besuchen. Wir sprachen ja nicht einmal dieselbe Sprache. Dennoch trieb mich etwas an. So wie die Peitsche den Esel.

Balea war Asiatin und ich habe mich oft gefragt, wie man jemanden nach der Pflegeserie von Aldi benennen kann, aber wahrscheinlich bedeutet das in ihrer Sprache etwas ganz anderes, wie zum Beispiel „aufgehende Sonne" oder „verklumpter Reis".

Wie oft stand ich vor ihr und betrachtete ihr seidiges Haar, das in der Sonne glänzte wie die frisch polierten Felgen meines Nachbarn Ingo Dennert.

Ingo war der Auffassung, polierte Felgen seien im Leben wichtiger als gesunde Zähne. Jedenfalls drängte sich dieser Gedanke auf, wenn er einen anlächelte. Als ob er mit dem ganzen Bremsstaub, den er mit der Zahnbürste von seinen Felgen kratzte, feinsäuberlich seine Zähne beschmierte. Wahrscheinlich war Ingo sparsam und benutze die Zahnbürste für seine Mundhygiene ebenso wie für die Felgenreinigung.

Er verbrachte viele Stunden im Hof und wenn ich manchmal an ihm vorbeiging, nickte ich anerkennend und sagte kurze Sätze wie:

„Allererste Sahne, Ingo" oder „Wie neu!"

Ingo quittierte mit seinen 55 Jahren jedes Lob mit einem Grinsen. Ein Grinsen wie ein schwarzes Loch. Und dann sagte er oft:

„Die Tussis fahren drauf voll ab, ey!" Irgendwie erinnerte Ingo mich immer an einen Karussellbremser, der das Kamasutra auswendig konnte, aber keine Freundin hatte.

Irgendwann einmal im Hochsommer, da nahm eine Kette von Ereignissen seinen Lauf, die ich im Nachhinein als unglaubhaft und völlig aus der Luft gegriffen beschreiben würde.

Die gefühlte Temperatur hielt sich schon seit Wochen im Bereich „180 Grad, vorgeheizt" und man fühlte sich wie eine Pizza Margherita, die gleich knusprig war.

Donnerstag, ein Besuch bei Balea stand an. Nicht, dass ich mich extra für sie schick machte, aber ich zog mein letztes frisches T-Shirt an, denn das andere hatte sich binnen zwei Stunden mit Körperschweiß vollgesogen.

Auch Ingo war, wie immer, mit dem Reinigen seiner Felgen beschäftigt. Der Schweiß rann in Strömen an ihm herab.

Er schwitzte so sehr, dass mir der Gedanke kam, gleich bräuchte er Kiemen, um weiteratmen zu können.

Ingo aber freute sich über sein neues Wundermittel.

„Hier, hab ich aus'm Internet!", grinste er mich stolz an.

Er hielt mir einen großen Beutel mit gelbem Pulver vor die Nase! „Macht die Felgen fett lecker glänzend!"

Es juckte unangenehm heftig in der Nase und ich zuckte zurück.

„Riecht streng", sagte ich.

„Curry!" Ingos Zähne zeigten eine Gruft, die ein Lachen hervorgurgelte.

Ich nickte freundlich, murmelte ein unverständliches „Sachen gibt's" und schob mich an ihm vorbei.

„Nee, nee, Alter, hier, is' wahr!" Er hielt mir wieder den Beutel unter die Nase. „Stinknormaler Curry. Hab ich durch Zufall entdeckt."

Euphorisch ob seiner Entdeckung sprudelte es aus ihm heraus:

„Einfach mit einem nassen Lappen einreiben."

Er hielt zur Erklärung einen nassen Lappen in die Höhe, als ob er mich für so dämlich hielt, dass ich noch nie einen nassen Lappen gesehen hätte. „Und dann mit Wasser abspülen und die Felgen glänzen fett lecker!"

An seiner Körperhaltung hätte ich es vielleicht voraussehen können, aber ich konnte ja nicht ahnen, dass Ingo vor Aufregung über seine offenen Schnürsenkel stolperte, nach vorne taumelte, sich an mir abzustützen versuchte, mir dabei ein halbes Kilo Curry über das T-Shirt streute und sich dann mit dem nassen Lappen an mir festzuhalten versuchte.

Meine Nasenhaare schienen das gelbe Pulver nur so zu umklammern.

Ich nieste ungefähr 2500 Mal so heftig, dass es sich anhörte, als läge eine Damenfußballmannschaft in den Presswehen.

„Alter. Shit. Alter, das tut mir jetzt voll leid." Ingo strich mit seinen bremsstaubverschmutzen Händen über mein T-Shirt und verteilte so das Curry, die Feuchtigkeit und den Bremsstaub mit seinen Handabdrücken. Wäre ich vor 30 Jahren ein Hippie gewesen, hätte ich es wohl als Batik durchgehen lassen können.

„Lass gut sein, Ingo!", versuchte ich zwischen den Niesanfällen hervorzupressen.

Und während ich dachte, dass Ingo bemüht war, mein T-Shirt zu säubern, stellte ich überrascht fest, dass er die letzten Reste Curry in die kleine Plastiktüte zu wischen versuchte.

„Hör auf damit!", sagte ich barsch.

„Alter, das war das letzte Curry und es fehlt noch eine Felge. So reiß ich doch heute Abend keine Tussi auf!" Er befummelte erneut mein T-Shirt.

„Ingo, ob mit oder ohne Felgen, reißt du sowieso keine auf. Das hat doch eh noch nie geklappt. Also lass das jetzt!", schrie ich genervt.

Ingo kuschte und plötzlich tat er mir auch ein bisschen leid.

„Das hab ich so nicht gemeint", versuchte ich zu beschwichtigen, aber Ingo Dennert hob schon wieder seine stolze Brust und erwiderte realitätsfremd selbstbewusst.

„Die Richtige war halt noch nicht dabei. Ich bin eben kein Mann für eine Nacht!"

Die Richtige, dachte ich mir insgeheim, ist wahrscheinlich längst vom Bus überfahren worden. Solche Gedanken behält man aber besser für sich und so schüttelte ich Ingo und die Reste des Currys ab, um nicht auch noch die Straßenbahn zu verpassen.

In der Bahn lachte ein kleines Mädchen über mein Styling, das mir, zusammen mit ihrer Mutter, gegenüber saß,.

Ich sah mich zwar nicht, aber ich roch mich selbst. Eine Mischung aus Tika Masala, Currywurst und Nivea for men. Der Duft war nicht unbedingt das, was man gemeinhin einen Nasenschmeichler nennen würde.

Die Mutter des lachenden Mädchens sah mich vorwurfsvoll und mitleidig zugleich an. Irgendwie fühlte ich mich dazu verpflichtet, mein extravagantes T-Shirt und den aufdringlichen Duft zu erklären, und begann mit den Worten:

„Mein Nachbar hat seine Felgen poliert …!" Ich suchte noch nach den richtigen Worten, als mir ihr Blick signalisierte, dass sie mich für einen Spinner hielt und nichts von mir wissen wollte.

Was hatte ich auch von einer Gesprächseröffnung, wie: „Mein Nachbar hat seine Felgen poliert" erwartet? Selbst unter Idealbedingungen taugte dieser Eröffnungssatz nicht einmal zur Bestellung bei einem Autozubehörhandel.

Ich deutete mit meinem Handrücken auf mein T-Shirt, zuckte mit den Schultern und versuchte entschuldigend zu lächeln, allerdings ließ mich das nur noch dämlicher aussehen.

Besser du ignorierst deine Umwelt, dann besteht die Chance, dass deine Umwelt dich auch ignoriert, dachte ich.

Das Mädchen kicherte weiter und tippte mit ihrem Zeigefinger kurz, aber mehrmals auf ihre Stirn, ihre Wange und die Mundwinkel.

Ich hatte also nicht nur Curry-Bremsstaub-Mischung auf dem T-Shirt, sondern wohl auch im Gesicht.

Ich wischte hektisch meine Stirn. Das sah so aus, als wollte ich imaginäre Moskitos oder kleine Elfen verjagen.

Die Mutter strafte mich mit einem Gleich-langt-es-mir-Blick.

Das Mädchen schien meine Verbündete zu sein und zeigte nochmals auf ihre Wange und die Mundwinkel. Insgeheim dankte ich der Kleinen dafür, allerdings hätte ich eher gewarnt sein sollen, denn das, was ich dann tat, ließ die Mutter aufspringen und handgreiflich werden.

Vorsichtig leckte ich an meinen Fingern und wischte hektisch meine Wange sauber. Das Mädchen nickte und zeigte zu guter Letzt nur noch auf die Mundwinkel, während seine Mutter mich im Blick hatte wie ein Diktator einen unabhängigen Journalisten

So unauffällig wie möglich versuchte ich, mit meiner Zunge meine äußeren Mundwinkel sauber zu schlecken und sah dabei fragend das Mädchen an. Sie nickte und ich leckte mir meine Mundwinkel aus. Meine Zunge zuckte suchend aus meinem Mundwinkel hervor und ich machte wahrscheinlich dabei ein Gesicht wie ein kackender Papagei.

Unvermittelt wie ein Puma sprang die Mutter auf, verpasste mir eine Ohrfeige, die sich nach einem satten Bauchklatscher anhörte, ergriff ihre Tochter und beschwerte sich über mich als Päderasten beim Straßenbahnfahrer.

Ich wurde unverzüglich und mit Nachdruck ausgestiegen und die restlichen drei Stationen schlich ich durch die glühenden Straßen der unbarmherzig heißen Großstadt, begleitet von einer betörend indischen Duftwolke.

Balea schien an diesem Nachmittag bester Laune zu sein. Die

Fütterung war gerade vorbei und sie lag satt und bereit für das kleine Tiger-Mittagsschläfchen im Schatten. Wäre ich nicht die letzten Stationen zu Fuß unterwegs gewesen, hätte ich die Fütterung miterleben dürfen. Rudi, der Tierpfleger im Tigergehege, reservierte immer einen besonders guten Platz für mich. Ihm gefiel es, wenn Besucher besonders viel Interesse an seinen Raubkatzen zeigten.

Zum ersten Mal hatte ich das unbestimmte Gefühl, dass sie mich wahrnahm. Ihre Schnurrhaare vibrierten und die schwarz glänzende Nase zuckte witternd.

Rudi entdeckte mich und winkte mich zu sich herüber in den Innentrakt, der Besuchern vorenthalten war. Ich war immer sehr stolz, wenn ich mal in den Innentrakt durfte. Man war der Tigerdame dann ganz nah. Ich nahm den beißenden Tigergeruch wahr. In meinem Fall eine willkommene Abwechslung zu dem Tika Masala.

„Das hättest du sehen sollen, heute hat sie besonders viel gefressen. Da passt kein Pfefferminzblättchen mehr rein".

Er lachte und plötzlich bemerkte er den scharfen Curryduft und mein T-Shirt im Batikdesign.

„Probleme?"

Ich wollte gerade mit dem Eröffnungssatz „Mein Nachbar hat seine Felgen poliert" beginnen, entschied mich dann aber kurzfristig aus der Erfahrung in der Straßenbahn intuitiv dagegen.

„Lange Geschichte", winkte ich ab.

Balea stand wie aus dem Nichts hinter uns am Gitter und ließ ein fauchendes Schnurren von sich. Irgendwie war sie wie eine Hauskatze, nur viel gefährlicher. Rudi pflegte immer zu sagen, wenn Ihre Hauskatze einen Meter fünfzig groß wäre, dann fänden Sie sie nicht mehr so süß.

Während Rudi noch mein T-Shirt musterte, war Baleas Pranke blitzschnell durch die Gitter hindurch und krallte an meinem T-Shirt. Ihr Gesicht drückte sie an die Gitterstäbe. Sie rollte die Augen unnatürlich weit nach hinten.

Ich spürte, wie eine ihrer Krallen mich ritzte, wollte mich losreißen, aber das T-Shirt hing fest in ihren Krallen. Sie fauchte. Nicht laut, aber bestimmt, wenn man das von einer Tigerdame überhaupt sagen kann.

Rudi schreckte hoch, riss seinen Elektrostocker raus und versuchte, sie abzuwehren.

In diesem kurzen Moment ergriff mich die Panik, ob ich nun ein Stück aus meiner Hüfte verlieren oder mittels Elektroschocker zu Boden gehen sollte.

Ich wusste nicht, was mir lieber war, und schrie stumm in mich hinein.

„Hoffentlich tut es nicht so weh!"

Warum Rudi das Gatter zum Gehege öffnete, ist mir bis heute nicht klar geworden. Wahrscheinlich wollte er helfen, ohne wirklich zu wissen, wie.

Diesen kurzen Moment nutzte Balea, ließ von mir ab und sprang mit einem Drei-Meter-Satz an Rudi vorbei hinaus.

Ich war einerseits froh, dass sie mich losgelassen hatte, und dennoch panisch, da ein freilaufender Tiger in meiner unmittelbaren Nähe war. Zielstrebig sprang sie auf mich zu.

Ich rannte, lief, stolperte, schluckte, schrie, weinte, pinkelte mir in die Hosen, ruderte hilflos mit den Armen und stürzte sehr zur Beunruhigung der anderen Zoobesucher kreischend aus dem Innentrakt.

Im gleichen Augenblick drückten mich 500 Kilogramm zu Boden.

Ich hörte vernebelt einige Besucher schreien. In Panik stürzten die Besucher in alle Richtungen davon.

Ich versuchte mich zu wehren, hatte aber eigentlich aufgegeben.

Seltsam ruhig, dachte ich auf einmal, ob das der Moment des Todes war – und hatte eigentlich nur Angst vor den Schmerzen, bis ich begriff, dass Balea mich abschleckte. Hatte Rudi nicht gerade gesagt, sie sei pappsatt oder so ähnlich.

Sie rieb ihren massigen Schädel an mir und hielt mich mit ihren Pranken fest. Natürlich drangen ihre Krallen in meine Haut, aber eher sanft. Sie erinnerte an eine verschmuste Katze, nur dass sie nicht so sanft war. Wenn sie ihren massigen Schädel gegen mich drückte, dann rutschte ich einen halben Meter über den sandigen Boden. Aber im selben Augenblick packte sie mich wieder.

Zu meiner Verwunderung biss sie nicht zu. Ich musste für sie so etwas wie „Tigerminze" sein. Sie steckte ihre Nase tief in mein T-Shirt, rieb sich an meinem Oberkörper, schleckte mir übers Gesicht und die Stirn. Es muss das Curry sein, wahrscheinlich war das für sie Curry No. 5.

Seltsame Gedanken streunen durch dein Hirn, wenn du in Panik bist.

Ich hörte immer mehr auf, mich zu wehren und bald war ich in Schockstarre. Bewegungslos, dann konnten ihre Krallen nicht allzu viel Schaden anrichten.

Kurz bevor man Balea den Todesschuss versetzten wollte, ließ sie von mir ab und huschte blitzschnell in den Innentrakt. Später hat man sie betäubt und wieder eingeschlossen.

Das Gatter wurde nach diesem Vorfall doppelt gesichert und ich wachte mit erheblichen Kratz- und Schürfwunden im Krankenhaus auf. Später bekam ich eine Anzeige und Hausverbot im Zoo.

Ich hatte Glück im Unglück, mahnte mich der Zoodirektor. Rudi hatte ich nicht verpfiffen, obwohl er dennoch seinen Job los war.

Im Zoo hat man in den darauffolgenden Wochen die Entdeckung, dass Balea verrückt nach Curry war, wirkungsvoll ausgeschlachtet. Wie ein Aphrodisiakum wirke der Duft von Curry auf die Tigerdame und sehr zur Freude der Zoobesucher, rieb man regelmäßig Kokosnüsse oder Melonen mit Curry ein, die Balea dann lustvoll abschmuste. Bald wurde sie bekannt als der „Currytiger" von Berlin.

Als ich einige Wochen später in einer Talkshow eingeladen war, denn das Bild des Tigers, der mich abschleckte, ging durch die Presse, antwortete ich auf die Frage, wie all das begonnen hatte, mit meinem wenig bewährten Eröffnungssatz. „Mein Nachbar hat seine Felgen poliert."

ÜBERRASCHUNGSEI UND ACHT BIFIS

Ich halte mich für einen normal ängstlichen Menschen. Nicht zu viel und nicht zu wenig. So gerade richtig ausgewogen. 60 % Angst und 60 % Mut. Gesunde Mischung eben.

Angst ist für mich eine unlustbetonte Erregung. Um mich hier auch gleich festzulegen: Angst ist für mich keine Krankheit, so wie Masern, Blinddarmentzündung oder Küchenallergie. Angst ist die natürliche Alarmanlage des Menschen, die bereits in der Basisausstattung vorhanden ist. Für die müssen Sie nichts extra bezahlen. All in, von Geburt an.

Sie begegnen einer Schlange, einem Löwen oder Ihrer Schwiegermutter? Die Alarmanlage springt an. Angst greift um sich und Weglaufen ist die beste und effektivste Lösung des Problems. Außer, Sie sind Conan der Barbar oder Bruce Willis, dann würden Sie wahrscheinlich Ihre Schwiegermutter mit der Schlange auf dem Löwen festbinden und ihm einen Klaps hinten drauf geben.

Verstehen Sie mich bitte nicht falsch, ich leide nicht unter diesen übertriebenen Phobien, wie der Arachibutyrophobie, der Angst davor, dass Erdnussbutter am Gaumen kleben bleibt. Wenn Erdnussbutter woanders als am Gaumen klebt, zum Beispiel am Knie, Steißbein oder an den Klöten, das würde mir Angst machen. Auch nicht unter Acidophobie, der Angst vor sauren Lebensmitteln. Wovor hat man bei sauren Lebensmitteln Angst? Dass sie plötzlich süß werden oder lustig machen?

Ich leide eher unter normalen Ängsten, wie der Angst vor vergammeltem Apfelsaft im undurchsichtigen Tetra Pak, den man ansetzt, um so richtig den Durst zu löschen und im nächsten Moment hat man 'n Wattebausch im Mund. Nur weiß man ganz genau, das ist kein Wattebausch, sondern etwas organisches. Da trinke ich lieber 'ne Tasse Tapetenkleister auf ex.

Oder die Angst vor Hühnereiern, die man am Frühstückstisch gerade aufschlagen will, doch plötzlich bricht die Schale von innen auf und ein schleimiges Küken ruft ganz aus dem Häuschen: „Erster!"

Es gibt Ängste, die sind zwar real, aber man wird im realen Leben selten von ihnen befallen.

So zum Beispiel die Eurotophobie, die Angst vor den weiblichen Genitalien. Das ist zwar eine reale Angst, aber mal ehrlich, wie oft kommt es denn vor, dass Ihnen bei Edeka oder an der Tankstelle eine unbekleidete Vagina zu nahe kommt? Vorher bringen Sie eher einer Stehlampe Sitz bei.

Ich leide zum Beispiel unter Flugangst. Nein, ich muss mich korrigieren, ich habe eigentlich Absturzangst. Sehen Sie, das Fliegen macht mir nichts aus, vor dem Abstürzen sträube ich mich aber.

Auch vor dem Zahnarzt habe ich eigentlich keine Angst, ich will nur nicht, dass es weh tut. Wobei es vollkommen unerheblich ist, ob Zahnarzt, Autounfall oder Kastration. Es soll nur nicht wehtun. Also eher eine Angst vor Schmerzen im Allgemeinen. Wobei, jetzt, wo ich über Kastration nachdenke, füge ich diese Angst vorsorglich meiner Liste hinzu. Ich möchte nicht unbedingt als Sopran mit hoher Fistelstimme bei meinem Edeka-Mann um die Ecke eine Kotelett-Grillplatte und einen Kasten Bier bestellen. Das ist irgendwie uncool.

Aber wie die meisten Menschen, so leide auch ich unter der Arachnophobie, der Angst vor Spinnen. Und damit bin ich nicht allein. Ungefähr 110 Prozent der Bevölkerung haben Angst vor Spinnen. Und das ist nur die Dunkelziffer.

Und ich bin da in keinster Weise wählerisch. Ich ängstige mich vor großen wie auch kleinen Spinnentieren gleichermaßen. Vor dem Gesetz sind alle gleich. Und die Angst vor Spinnen ist Gesetz.

Meine Freundin gehört übrigens ebenfalls zu den 110 Prozent. Als wir uns gerade kennengelernt hatten, kam sie kreischend aus dem Bad gelaufen und schrie.

„Spinne! Da ist eine Spinne im Bad! Schnell, mach sie weg!" Sie packte mich am Arm. Schaute angstvoll in Richtung Badezimmer, so als ob sie erwartete, eine Horde hässlicher Orks stürme jeden Augenblick aus der Duschkabine.

„Mach sie weg!"

„Wer bin ich? Batman oder was?" Ich schüttelte den Kopf. „Das überlassen wir den Profis! Ruf die Feuerwehr!" Ich reichte ihr das Telefon.

Seltsam, dass man im Zustand der Angst solche präzisen Angaben macht, wie: „Mach sie weg!"

Was muss ich mir unter „Mach sie weg!" vorstellen? Dematerialisierung, das Klo hinunterspülen oder Verpuffung mittels Zauberstabes?

Und wie ich die Leute hasse, die überheblich und furchtlos daherquatschen:

„Ist doch nur 'ne Spinne. Sieh mal, wie süß die ist."

Spinnen sind nicht süß.

Nicht einmal Babyspinnen sind süß.

Ist Ihnen schon einmal aufgefallen? Spinnen sind immer auf dem Sprung. Immer bereit, sofort loszuschlagen. Noch nie habe ich eine Spinne gesehen, die wie ein Hund ein Nickerchen in der Sonne macht.

Nein. Immer bereit. Immer auf dem Sprung.

Und schnell sind die Biester.

Warum ist man so überrascht, wenn diese Viecher aus dem Stand heraus lossprinten?

Hallo? Die haben acht Beine!

Die haben sie ja nicht zum Spaß oder weil's modisch mehr hermacht.

Einer von denen, die solche Sätze sagen, wie „Sieh doch, wie süß die kleine Spinne ist", ist der Hausmeister Herr Schneid in meinem Haus. Wenn der eine Spinne im Hausflur oder im Hof sieht, beugt er sich zu ihr herab und im nächsten Moment streichelt er mit dem Fingerrücken über die fetten, fleischigen behaarten Spinnenkörper und lässt das giftige Vieh über seinen nackten Arm krabbeln.

Es gibt nicht viele Menschen, die keine Angst vor Spinnen haben oder sich sogar große haarige Exemplare als Haustier halten und unangeleint durch die Wohnung laufen lassen.

Aber! Es gibt sie.

Für mich besteht kein Zweifel, die haben als Kleinkind zu viel an der Domestos-Flasche geschnüffelt.

Eines ist jedoch sehr wichtig für das Verständnis von Spinnenphobie: Sobald ich eine Spinne sehe, springt mein Spinnenalarm an.

Ich bediene mich bei der Spinnenbekämpfung eines Tricks. Zum einen habe ich Techniken und Verhaltensmuster entwickelt, mich der Spinne zu entledigen, zum anderen teile ich sie in Kategorien ein. Und zwar mit Hilfe von Süßigkieten.

Es gibt drei Kategorien.

Die erste: Spinnen bis zu einer Größe von Toffifees.

In den Süßigkeitenkategorien wird nur der Körper ohne Beine erfasst.

Also eine Spinne der Kategorie Toffifee kann schon ein sehr haariges „Igitt" sein.

Eines ist noch wichtig zu erwähnen, aber das wissen Sie längst, wenn Sie zu den 110 Prozent gehören. Auf die Bewegung einer Spinne sind unsere Augen und unser Verstand konditioniert.

Seit Anbeginn der menschlichen Evolution hat sich unser Spinnenradar weiterentwickelt, verfeinert, sozusagen der siebente Sinn. Irgendwie nimmt man immer aus den Augenwinkeln die Spinnenbewegung wahr.

Dieses Rennen auf acht Beinen. Auf der einen Seite torkelt die Spinne wie eine Boje und gleichzeitig marschiert sie zackig wie ein Preuße auf Kokain. Sie findet im achtbeinigen Galopp ihre Balance und hält die Achse des eigenen Körpers aufrecht. Zielstrebig, schnell und böse. Die Achse des Bösen.

Wenn ich Spinnen der ersten Kategorie sehe, ist die bewährteste Methode die „Triple-V"-Methode: Visualisierung – Vorbereitung – Verbannung.

Einfacher wäre vielleicht, mir die Gesetzte der Physik zunutze zu machen und mit meinem Lebendgewicht von 80 Kilo und einer spinnenabweisenden Gummisohle das achtbeinige Toffifee platt zu machen, mir dabei 'ne Zigarre anzuzünden und zu rufen „Yippie-Ya-Yeh, Schweinebacke!".

Aber ich kann keine Tiere töten, geht nicht. Kann ich nicht.

Im noch formbaren Alter von fünf Jahren habe ich von meiner Oma die Geschichte gehört, dass jeder Mensch nach seinem Tod als Tier, und ist es noch so klein und unbedeutend, wiedergeboren werden kann. Wenn diese Spinne nun vielleicht mein Urgroßvater ist. Ich kann doch meinen Uropa nicht zertreten. Kuscheln will ich aber ebenfalls nicht mit ihm.

Daher meine „Triple-V"-Methode.

Erstes „V" – Visualisierung: Ich habe eine Spinne gesehen – Erhöhung der Herzfrequenz, gepaart mit leichtem Schwitzen der Handflächen und der Stirn.

Zweites „V" – Vorbereitung: Ich suche etwas, mit dem ich das haarige Ding einfangen kann. Ein Glas, einen Becher, eine leere Erdnussdose oder das Küchensieb.

Drittes „V" – Verbannung: Mit der eingefangene Spinne bis zum Ende der Straße gehen. Man muss aufpassen, dass die Spinne weit genug weggeschleudert wird und nicht etwa um die Ecke mitten in mein Gesicht springt. Dieses Szenario ist zwar unrealistisch, aber denken Sie an die Eurotophobie. Wenn jemand Angst hat, dass eine Vagina neben ihm auf dem Wochenmarkt auftaucht, dann kann ich Angst vor der Spinne haben, die um die Ecke springen kann und mir in die Nase beißt.

Spinnen der zweiten Kategorie erreichen etwa die Größe von Überschungseiern. Schließen Sie die Augen und denken Sie an ein Überraschungsei mit acht Bifis an den Seiten. Bingo! Jetzt wissen Sie, wovon ich rede!

Wenn ich eine Ü-Ei-Spinne entdecke, übe ich mich in Standhochsprung.

Denn ich springe binnen Nanosekunden auf das höchste Regal im Raum, kreische lauter als ein startender Airbus und mein Adrenalinspiegel erreicht Höhen, in denen die Luft zum Atmen zu dünn ist.

Eine Ü-Ei-Spinne hören Sie leise rufen. Eigentlich ist es kein Ruf, sondern eher eine Drohung. Leise, aber bestimmt vernehme ich die Worte:

„Warte nur, Freundchen, ich vergesse nie ein Gesicht!"

Also miete ich einen Lieferwagen. One Way. Rase durch die Nacht zum Flughafen. Stelle den Wagen dort ab und fliege zurück nach Berlin, nachdem ich vorher alle Hinweise auf meine Identität aus dem Lieferwagen entfernt habe. Bei diesen Spinnen weiß man ja nie. Die sollen fließend chinesisch sprechen und Verbindungen zur katholischen Mafia haben.

Die Spinnen der letzten Kategorie, die größten, habe ich nur zweimal in meinem Leben zu Gesicht bekommen.

Das erste Mal als ich klein war, bei meiner Oma in der Küche. Sie saß am Tisch, trank eine Tasse Kaffee und las die Morgenzeitung, während meine Oma das Geschirr spülte. Die Spinne drehte sich zu mir, schlürfte ihren Kaffee, nickte mit dem Kopf und sagte:

„Setz dich oder willst du den ganzen Tag da mit offenem Mund stehen?"

Das zweite Mal war vor einem Jahr. Ich holte das Fahrrad aus dem Keller. Irgendjemand aus dem Haus hatte seine alte Möhre so dicht neben meines gestellt und mittels zweier Eisenketten, die wahrscheinlich aus alten DDR-Beständen zur Grenzsicherung stammten, angeschlossen. Ich war versucht, die Reifen aufzuschlitzen und den Rahmen durchzusägen. Nicht aus Rachegelüste oder Unmut, eher weil es vielleicht ein Drogenkurierfahrrad war, warum sonst sollte man so eine Gurke abschließen? Das Rad litt unter akuter Rostsucht. Es konnte wohl nicht genug davon kriegen. Dieses Rad war der Namenspate für den „used look".

Ich schob es umständlich beiseite und plötzlich hatte ich freien Blick auf den Kinderwagen dahinter.

Ich versteinerte. Es lief warm meine Beine hinunter und sammelte sich plätschernd in den Schuhen.

Mein Mund stand offen wie die Arme eines Pfarrers beim Gebet, aber kein Laut kam hervor, außer … hmpfgrh.

Sie saß im Kinderwagen. Sechs Arme locker über den Rand schlenkernd, schwenkte sie im siebten Arm einen Cognac. Krieg und Frieden von Tolstoi hielt sie mit dem verbliebenen Arm. Sie sah mich und als ob Marlon Brando höchstpersönlich zu mir sprach vernahm ich die Worte:

„Meiner Ansicht nach hat Audrey Hepburn damals in der Verfilmung die Natascha mit etwas zu viel Amerikanismus gespielt, finden Sie nicht?" Den dicken in Leder gebundenen Schinken hielt sie mir entgegen.

„Schon gelesen?"

Ich schüttelte den Kopf.

„Kein Grund, sich ins Hemd zu machen!"

In dem Moment kam der Hausmeister um die Ecke. Herr Schneid, der Domestos-Schnüffler. Ein freudiger Ausdruck legte sich auf sein Gesicht, als er das Marlon-Brando-Double entdeckte.

„Caligula! Da bist du ja!" Er schob sich an mir vorbei. „Was für ein Glück, dass Sie sie gefunden haben."

Ich nickte so ungezwungen wie möglich.

Herr Schneid nahm Caligula aus dem Kinderwagen. „Wie oft hab ich dir schon gesagt, Alkohol ist nichts für dich!", schimpfte er mit erhobenem Zeigefinger.

Er nahm ihr den Cognacschwenker weg, kippte ihn hinunter.

„Sie ist ausgebüchst.", lachte er mit seinen weißen Zähnen so groß wie die eines Bibers.

Als ich mit meinem Verstand begriff, was das Wort „ausgebüchst" zu bedeuten hatte, entsann ich mich meiner „Triple-V"-Methode.

Ich rollte den Müllcontainer heran, stülpte das Ding über Herrn Schneid, Caligula und den Kinderwagen, verfrachtete das Hausmeister-Spinnen-Gefängins in einen Airbus und schickte das Ding per Einschreiben-Express nach Burundi.

Die Hausmeisterwohnung habe ich vorsichtshalber zugenagelt, mit zwei Dosen Bauschaum versiegelt und eine Selbstschussanlage mit Silberkugeln davor installiert. Dann habe ich Polizeiabsperrband quer in den Türrahmen getackert und dort, wo die Fußmatte einmal lag, mit Kreide die Umrisse eines Körpers aufgemalt.

Manchmal, wenn ich nachts an der Tür vorbei gehe, kann ich von drinnen ein leises Kratzen hören. Die Spinnen. Sie wollen raus.

Jeder, der zu mir zu Besuch kommt, geht an dieser Tür vorbei und ich werde ständig gefragt, ob ich keine Angst hätte, in so einem Haus zu wohnen.

Ich sage dann immer:

"Naja, man muss sich zu helfen wissen!"

Von Spinnen zu Fliegen. Fliegen und Alkohol stehen in einer ganz besonderen Beziehung.

ALKOHOL UND FLIEGEN

Wenn ich Alkohol trinke, und ich meine männermäßig Alkohol, nicht gleich im 10-Liter-Eimer, aber maskulin übertrieben, wird der Fokus nicht auf Geschmack, sondern auf Wirkung gelegt. Dann stelle ich mir komische Fragen, wie zum Beispiel:
Ab wann sind Hamsterkäufe Animal Hording?
Warum ist eigentlich noch niemand auf die Spülmitteldiät gekommen? Schließlich ist es fettlöslich.
Und wenn Holz wurmstichig ist, schmeckt dann der Wurm holzig? Nicht, dass ich je auf den Gedanken gekommen wäre, herzhaft in einen Wurm zu beißen. Es interessiert mich einfach. Aber eines kann ich mit Fug und Specht behaupten: In zahllosen, selbstlosen Selbstversuchen habe ich festgestellt, Alkohol hat Nebenwirkungen!

Wenn Alkohol in Ihrem Körper fließt, dann entstehen die Probleme meist erst beim Mischen. Wenn Sie strikt bei Bier bleiben, ist das in Ordnung. Bier ist multi-kulti. Sie können alle Biersorten aus aller Welt trinken. Bier hat sozusagen einen eigenen Code, der von Ihrem Magen, ja von allen Mägen weltweit erkannt wird. Bier hat sogar eine eigene Weltsprache:
Ole, Ole, Ole, Ole.
Erst, wenn die anderen auftauchen, ist Gerangel angesagt: Die hochnäsigen, sündhaft teuren Weine aus Frankreich, Spanien und Südafrika, die in Bieren der Welt das gemeine Proletariat sehen. Bier vertreibt sich die Zeit mit einfachen Dingen, wie Fußball, subtilen Gesängen oder sturem Dahinglotzen. Wein aber erhebt Ansprüche. Wein erwartet Konversation, Filmbe-

sprechungen und Abhandlungen über Surrealismus in der Malerei. Doch das, was Bier zu moderner Malerei zu sagen hat, lässt nicht viel Spielraum für konstruktive Diskussion.

„Surreal? Kenn ich. Ist das Surreal Madrid?"

Es entstehen Spannungen, Reibereien und die Stimmung beginnt zu kippen. Aber dann, wenn zum Ende hin die zwielichtigen Gestalten auftauchen, dann gibt's Probleme: Korn, Wodka, Gin und Tequila. Und die kommen nie allein, sondern immer in Gesellschaft. Gefolgt von den Stammgästen Sambuca und Jägermeister.

Schnaps wirbelt dann alles durcheinander. Fußball wird surreal diskutiert, Filmbesprechungen werden mit Fußballgesängen untermalt und das stupide Dahinglotzen wird auf seltsame Weise zu einer Universalsprache.

Jetzt ist schwerer Seegang angesagt und wenn die ersten Gesänge, wie „Finger in Po, Mexiko!" erschallen, ist es Zeit zu gehen – und zwar nix Finger in Po, sondern Finger in Hals!". So enden die meisten Partys.

Und am nächsten Morgen entdecken Sie die Nebenwirkungen. Gut, das ist uns allen bewusst. Wer hat sie nicht schon alles am eigenen Leib erfahren, die Nebenwirkungen von Alkohol?

Aber jetzt haben Wissenschaftler in einem Experiment offiziell die unterschiedlichsten Nebenwirkungen von Alkohol wissenschaftlich nachweisen und benennen können. Was müssen das denn für Experimente gewesen sein? Saufen, bis der Arzt kommt? Nein. Man hat natürlich auf das allseits bewährte Tier zurückgegriffen. Den Ergebnissen zufolge denkt man darüber nach, zukünftig auch Alkoholflaschen, wie Zigaretten, mit Warnhinweisen oder wie bei Medikamenten mit Beipackzetteln zu versehen.

Wir alle kennen diese endlosen Papyrusrollen, in Zwergenschrift verfasst, damit man sie selbst mit einem Teleskop nicht wirklich entziffern kann.

Denn, wenn man diese Dinger, die wie Mikrofilme der CIA anmuten, lesen könnte, würde man entweder von der Einnahme absehen oder das Lesen aufgeben. Meist sind die Nebenwirkungen so verheerend, dass man schon vom bloßen Lesen gesund wird. Oftmals ist sogar Gift gesünder als manche Medizin. Übrigens, lassen Sie sich nicht täuschen. Wenn ein Medikament keine Nebenwirkung hat, dann kann man getrost davon ausgehen, dass es auch keine Hauptwirkung hat.

Was wird auf solchen Beipackzetteln beim Whisky oder Wodka dann zu lesen sein?

„Vorsicht! Alkoholkonsum kann schläfrig, betrunken oder schwul machen?"

Ja! Täglicher Alkoholgenuss macht schwul.

Das war das Forschungsergebnis. Als ich das gelesen habe, habe ich sofort sämtliche Alkoholvorräte ins Klo gekippt. Und um ganz sicher zu gehen, habe ich den Brennspiritus und die Batteriesäure gleich hinterhergeschüttet, damit ich nur nicht in Versuchung käme.

Die Versuchsreihe wurde übrigens an Fliegen durchgeführt. Genauer gesagt, an Fruchtfliegen. Wie füllt man denn Fliegen ab? Wie muss man sich das Experiment vorstellen?

Zuerst kennzeichnet man weibliche und männliche Fliegen. Die bekommen dann wahrscheinlich rosa Schleifchen und blaue Krawatten um, damit man sie auseinanderhalten kann.

Um betrunken zu werden, reicht es bei einer Fliege, dass sie nur über ein Glas Sambuca fliegt. Die wird schon von dem Verdunstungsalkohol hackedicht.

Dann kommt der Spannerteil. Man sieht den Besoffskis dabei zu, wer jetzt auf wen fliegt. Wie gesagt, dabei ist herausgekommen, dass betrunkene Fliegenmännchen sich an andere Männchen heranmachen und die Bräute links fliegen lassen.

Die alkoholisierten Fliegenweibchen übrigens flogen alle zusammen aufs Klo und sprachen sich mal richtig aus.

Ich trinke seit fast 30 Jahren. Verstehen Sie mich nicht falsch, ich bin kein Alkoholiker, eher das Gegenteil, aber ich trinke ab und zu und manchmal auch männermäßig.

Als ich damals anfing, habe ich das ja nicht gelernt. An das

Trinken bin ich mit der „Learning by doing"-Methode herangegangen.

Nach fast 30 Jahren bin ich zu dem Schluss gekommen, dass ich das vielleicht gar nicht richtig kann und sogar etwas verkehrt mache. Allzu oft ist es auf dem gleichen Wege raus, wie auch reingekommen. Um es ein für alle Mal zu lernen, habe ich mich bei einem Seminar angemeldet. Einem Weinseminar. Das war nicht wirklich günstig. 120 Euro im Voraus. Von 16–20 Uhr. Also 30 Euro pro Stunde. Meiner Ansicht nach ist das überteuert für ein Nachmittagsbesäufnis. Das kriegen Sie in einer Trinkhalle in Duisburg schon wesentlich günstiger. Allerdings haben Sie ja einen Mehrwert durch den Seminarcharakter. Sie lernen natürlich etwas dabei. Wissen hat eben seinen Preis.

Insgesamt kam der Kurs auf fast 40 Teilnehmer und wir erhielten alle zu Beginn ein Glas Rotwein.

Ein Glas ist nun wirklich übertrieben. Das Glas war nur bodenbedeckt mit Rotwein gefüllt. Eigentlich war es so wenig, dass es eher sumpfig als flüssig anmutete.

Für 120 Euro hatte ich ein Glas erwartet, das nicht nur randvoll war, sondern sogar noch eine Schaumkorne darauf hatte. Jetzt wurde mir schlagartig klar, warum man im Voraus zu bezahlen hatte, denn spätestens bei dieser geizigen Glasfüllung wären 110 Prozent der Kursteilnehmer sofort gegangen.

Das Seminar wurde von einem Fachmann geleitet, Sir Conny. Der kannte sich mit Wein aus. Er hatte sich als Connaisseur vorgestellt, aber alle sagten Sir Conny zu ihm.

Als ich gerade meinen zukünftigen Saufkumpanen für diesen Nachmittag zugeprostet hatte und das Glas ansetzte, rief Sir Conny:

„Halt, Stopp! Wein wird zuallererst optisch genossen. Mit den Augen!".

Ich hatte ja keine Ahnung davon. Sir Conny machte es vor und 40 Leute schauten gaaaanz tief ins Glas. Was Sir Conny dort sieht, sind Farben, die Sie nicht für möglich halten.

„Funkelnde Sterne aus Kosmosgold ziehen ihre Bahnen durch ein mütterlich anmutendes Umbra", begann Sir Conny inbrünstig wie ein Leithammel. Er schwenkte das Glas hin und her. Wäre ich der Rotwein, wäre mir spätestens jetzt schlecht geworden und ich hätte mich übergeben.

„Ein Hauch verwirrtes Orange." Die Worte tanzten förmlich über seine Lippen. „Eingebettet in ein frivoles, fast lustvolles Zinnoberrot und durchzogen von einem Pinselstrich pelzigen Grüns. Aber nur ein Pinselstrich!"

Was hatte Sir Conny gemacht? Im Tuschkasten übernachtet? Ich sah exzessiv in mein Glas und dachte bei mir: „Das ist doch rot!".

Ich wusste zwar nichts von Wein, aber ich wusste, wie dunkelrot aussieht. Nämlich dunkel und rot!

Im nächsten Schritt, so klärte uns Sir Conny auf, wurde der Wein olfaktorisch, mit der Nase genossen. Auch hier führte er es vor und wir 40 taten es ihm nach und steckten unsere Riechkolben tief in das Glas. Bei einigen war der Kolben bereits roter als der Wein. Daran erkannte man Weinliebhaber, so hatte mein Opa immer gesagt.

„Ich rieche etwas zögerlichen Zimt neben einer Note entschlossenen Pferdeschweißes. Ganz hinten kommt ein wenig trotziger Feuerstein durch." Sir Conny hatte die Augenlider leicht geschlossen und sah so aus, als befände er sich in Trance und ein Medium spräche durch ihn. Ich wusste nicht, was mir mehr aufstieß. Der trotzige Feuerstein oder der entschlossene Pferdeschweiß.

„Ein Hauch von Nuss. Hasel-, Wal-, nein Muskatnuss. Aber eine freundliche Nussnote."

Ich wollte schon aufschreien. Freundliche Nuss. Gibt's denn auch böse Nüsse? Die einzige Nuss, die ich kenne, ist eine dumme Nuss, aber ich weiß nicht, wie die riecht. Aber dann schoss Sir Conny den gefiederten Flap-Flap ab:

„Subdominante fruchtige Note. Es könnte Banane, nein Banane ist es nicht. Ich tendiere zu Ananas oder Papaya. Nein, halt. Es ist Mango. eindeutig Mango!".

MANGO? Ich hatte gar nicht am Glas gerochen und wollte am liebsten reinrufen.

„Es sind Trauben. Weintrauben!"

Das weiß man doch. Ich schüttelte mich und bereute bereits die Summe von 120 Euro. Die Zeit verging und damit wurde es auch teurer, denn bisher hatte ich noch keinen Schluck getrunken. Das änderte ich nun.

„Ich bitte Sie, jetzt einen Schluck zu nehmen", forderte Sir Conny aus auf.

Endlich, dachte ich und kippte das Glas sofort auf ex.

Ich leitete gerade den Schluckvorgang ein, da rief Sir Conny:

„Nein, nein, nein. Stopp!"

Ich stand da mit dicken Backen und traute mich jetzt nicht mehr, hinunterzuschlucken. Was hatte ich falsch gemacht?

Sir Conny nahm den ersten Schluck nur mit gespitztem Lippenansatz, ähnlich wie ein Fisch im Aquarium das Fischfutter einsaugt. Und dann spülte er mit dem Schluck Rotwein seinen Mund aus. Gurgelte etwas und ließ sich Zeit, während seine Stirnfalte signalisierte, dass sein Gehirn arbeitete.

Ich hatte von Russen gehört, die sich mit Wodka die Zähne putzen, aber dass man mit Wein den Mund ausspülte, war mir neu. Was sollte das bringen? Einen pelzigen Geschmack auf der Zunge?

Ich machte immer noch dicke Backen und wartete brav wie ein Gymnasiast auf die Erlaubnis, endlich hinunterzuschlucken, als Sir Conny plötzlich den Wein ausspuckte.

Ich prustete und das rote Gesöff verteilte sich gleichmäßig wie feiner Sprühregen auf dem Dekolleté einer anderen Seminarteilnehmerin.

„Entschuldigung. Ich habe ja keine Ahnung von Wein, der hätte ja auch schlecht sein können", stotterte ich zu meiner Verteidigung.

Jetzt mit einem Taschentuch mit Spucke die Bluse und den Ausschnitt der Frau abzutupfen, hielt ich für keine wirkliche Option, also starrte ich nur drauf und sah zu, wie der Rotwein sich verteilte.

WUMMMS!, hatte ich eine sitzen.

„Sie Schwein, jetzt starren Sie auch noch!", entrüstete sie sich.

„Ich wollte nicht gleich anfassen und saubermachen …!
KLATSCH!, hatte ich noch eine sitzen.

Die Dame verließ das Seminar vorzeitig und ich wurde für den Rest der Zeit von 39 Augenpaaren kritisch beobachtet, als säße ich in einem American-Airline-Flug mit langem schwarzen Bart und Turban.

Nachdem wieder Ruhe eingekehrt war, verlieh Sir Conny dem Wein, nachdem er ihn ausgespuckt hatte, Charakter und Persönlichkeit.

„Schmeckt vertrauensvoll", gab er professionell von sich.
Ich frage mich bis heute, wie eigentlich vertrauensvoll schmeckt.

„Im Abgang leicht unvollendet", fuhr Sir Conny fort.

„Sir Conny", gab ich zu bedenken, „Sie haben den Wein ausgespuckt, woher wollen Sie wissen, wie der im Abgang schmeckt?" Jetzt sahen mich alle so an, wie den Typen aus dem American-Airlines-Flug, aber zusätzlich noch rülpsend, furzend und nervös mit einem Feuerzeug spielend. Ich sollte lieber die Fresse halten, dachte ich mir.

Zu guter Letzt beschrieb Sir Conny den Geschmack mit einem Vergleich, der mir doch allzu sehr zu hinken schien. Er schürzte die Lippen und sagte:

„Dynamischer Waldboden!"

Woher wusste Sir Conny, wie Waldboden schmeckt? Hatte er mal in den Garten gebissen, oder was?

Wir haben im Laufe der nächsten Stunden noch Rosé- und Weißwein zur Verkostung bekommen, aber jeden Schluck ausgespuckt.

Kurz vor acht war ich noch immer stocknüchtern.

Ich war noch nie in einem Leben so teuer nüchtern gewesen.

Sir Conny ließen es sich nicht nehmen, uns zu erklären, weshalb wir den Wein ausspuckten. Der O-Ton von Sir Conny lautete:

„Wir spucken den Wein aus, weil wir ihn genießen wollen!"
Bei der Erklärung begannen meine Hühneraugen zu schielen.
Genießen?

„Und zwar nur genießen und keinesfalls betrunken werden!", fügte Sir Conny mit erhobenem Zeigefinger hinzu.

Das ist so, als bestellten Sie bei Ihrem Lieblingsitaliener einen Antipasti-Vorspeisenteller, nehmen den ersten Bissen, murmeln „köstlich" und spucken das Zeug unter den Tisch. Sobald der Kellner ganz aufgelöst kommt, und „Ist alles in Ordung, der Herr?" fragt, antworten Sie:

„Alles bestens, wir wollen nur keinesfalls satt werden!".

Das entbehrt doch der Logik des Genusses.

Wie dem auch sei, nach diesem Seminar kam ich zu der Überzeugung, dass ich das mit dem Trinken in den letzten Jahren doch nicht so falsch gemacht hatte. Denn schließlich gehört das Ausspucken ja dazu.

Dieses Seminar hat mich zu einem zertifizierten Weinkenner gemacht. Mit meinem Wissen kann ich in einer gemütlich Runde glänzen.

Ich kann jetzt, rein anhand der Farbe, des Geruchs und des Geschmacks einen Merlot, einen Cabernet oder sagen wir einen Chardonnay von einer Cola Cola Light unterscheiden.

TEILZEIT-PARANOIA

Man sagt mir nach, ich wirke manchmal paranoid, gehetzt und fahrig, unschlüssig und unsicher, wenn ich in der Öffentlichkeit bin. Meine Teilzeit-Paranoia hat einen triftigen Grund:

Kurz vor meiner Studentenzeit, jobbte ich in einem Punkmusikclub.
Ich selbst war zwar kein Punk, trug keine Ratte auf der Schulter, war weder Grufti, Flegel oder Mod und auch kein Pattexschnüffler.
Wenn ich überhaupt je ein Tier auf der Schulter tragen würde, dann eine kleine Kuh. Eine Schulterkuh, der ich bei Bedarf das Tröpfchen Milch für den Kaffee abzapfen könnte. Das fände ich cool, allerdings bin ich mir bewusst, dass ich wahrscheinlich längst tot sein werde, wenn die praktischen Haushaltshilfen wie Schulterkühe erfunden werden.
Allerdings war meine im Rentenalter befindliche Nachbarin Frau Klemme überzeugt, ich sei ein Punkerhäuptling.
Ganz bestimmt wusste Frau Klemme nicht, was ein Punk war, denn sie hat es immer deutsch, also mit einem „U" ausgesprochen. Wahrscheinlich hat sie irgendwann einmal diesen Ausdruck in der Bildzeitung gelesen und stufte Punker als Schimpfwort, gleichbedeutend mit Penner oder Lump ein.
Aber mir stand halt von allen Gruppierungen die Punk- und Undergroundszene von der Gesinnung her am nächsten.

Samstag. Kurz nach Mittag. Zeit fürs Frühstück.
Kaffee: schwarz, mit viel Zucker. Schwarzbrot. Dazu viele Tomaten.

Zwei Tageszeitungen lagen auf dem Küchentisch unserer Zweier-WG. Wer nachts um vier – oder heißt es eigentlich morgens um vier? Egal, wer um vier Uhr halb betrunken nachhause kommt, findet im Hausflur immer eine Auswahl an aktuellen, ungelesenen Tageszeitungen. Wir stahlen die Zeitungen nicht, es war eine Art Zwangsleihgabe, denn wir brachten sie ja am nächsten Tag zurück und legten sie ordentlich gefaltet wieder vor die Tür auf die Fußmatte.

Während ich die riesigen Fleischtomaten in akkurate Scheiben schnitt, denn zu einem guten Katerfrühstück gehört ein ordentliches Tomatenbrot, fiel mir eine Kleinanzeige ins Auge.

„Bestattunsginventar aus Insolvenz abzugeben"

Ich riss die Anzeige sofort aus der Zeitung heraus.

„Bist du bekloppt, die Zeitung gehört dir nicht!", fauchte mich Bruno an. Bruno war mein Mitbewohner. Und Bruno nahm es mit dem Zeitungsausleihen sehr genau.

„Sorry!"

„Nix sorry, Du kaufst jetzt 'ne neue und legst sie vor die Tür der alten Klemme." Bruno wedelte mit seinem Zeigefinger, als sei das das internationale Zeichen für Abrakadabra.

Ich winkte ab und zeigte ihm die Anzeige.

„Alter, wie geil. Wir kaufen uns einen Leichenwagen.", sprudelte Bruno hervor.

Genau das hatte ich auch im Sinn.

Bruno steckte sich eine „Camel ohne" an und sinnierte darüber, welches Fabrikat es wohl sein würde. Bruno und Camel ohne Filter waren siamesische Zwillinge. Untrennbar miteinander an den Lippen verbunden.

„Ich fänd' ja 'n alten Ford Granada geil!", sagte ich und schnippelte meine Tomaten weiter, während ich – den Telefonhörer zwischen Schulter und Kinn eingeklemmt – die angegebene Nummer wählte.

Das efeugrüne Telefon stand zwischen der Butter, dem Aschenbecher und der Kaffeekanne. Das Telefon stand eigentlich immer auf dem Küchentisch. Das Kabel war ja nur zwei Meter lang. Rückwirkend betrachtet glaube ich, dass damals, 1985, ein weltweiter Mangel an Telefonkabel geherrscht haben muss. Ähnlich wie die Ölkrise, gab es in den 80ern eine Telefonkabel-krise, denn die waren alle nicht länger als zwei Meter.

„Vielleicht sollten wir unser Geld in Telefonkabel investieren, anstatt einen Leichenwagen zu kaufen", überlegte ich laut, während ich darauf wartete, dass am anderen Ende jemand abhob.

Vier Stunden später waren wir auf dem Weg zu dem insolventen Bestattungsunternehmen. Bruno saß am Steuer seines alten Volvo Kombis, aus dem Mundwinkel qualmte eine filterlose Camel.

„Wie kann ein Bestatter eigentlich Pleite gehen?", fragte er. „Die Leute hören doch nicht einfach auf zu sterben."

„Vielleicht ist ihm die Kundschaft weggestorben", sagte ich und merkte sofort, dass das Blödsinn war. Aber wir lachten über den Witz.

Wir wussten vom Telefonat her, dass der Leichenwagen schon verkauft war, aber es gab noch Särge und allerlei anderes Inventar.

Unsere Idee war, zumindest einen Sarg zu kaufen und mal zu schauen, was sonst noch so cool war, und den ganzen Kram auf einer großen Gruftiparty in unserem Club zu versteigern.

Grufits fanden alles, was mit Friedhof, Särgen und Leichenbedarf zu tun hatte, mega.

Was wir letzten Endes dafür bezahlt haben, weiß ich nicht mehr, aber wir fuhren mit fetter Ausbeute nachhause.

Hinten im Kombi thronte ein dunkelgrauer Sarg, ausgelegt mit blauem Samt und im Sargdeckel prangte eine lateinische Inschrift als Stickerei in Gold gehalten. In einem solchen Sarg sollten nach Möglichkeit Tote mit Lateinkenntnissen beerdigt werden, die könnten das wenigstens entziffern. Ein Nichtlateiner hätte da unten in der Dunkelheit nichts zu lesen.

Dann ergatterten wir diverse Kirchenkerzenleuchter, ein Dutzend Leichenhemden, die im Übrigen sehr viel Ähnlichkeit mit diesen grünen Krankenhaushemden haben.

Weiter hatten wir diversen abstrusen Kleinkram, wie Grabkreuze und Urnen.

Den Sarg hatten wir mit Hilfe der zwei Hausmeister ins Heck des Volvos gehievt, die uns vor Ort die Räume des ehemaligen Bestattungsunternehmens mit wuchtigen Schlüsselbunden aufschlossen, die wahrscheinlich schon ein Vermögen als reinen Schrottwert darstellten.

Unbeschwert und euphorisch wurde nicht eine Sekunde darüber nachgedacht, wie das Sargding aus dem Volvo hinauf in den zweiten Stock zu transportierten war.

Unserem Haus gegenüber lag ein Baumarkt und hinter dem Baumarkt auf dem Parkplatz war der Job-Strich, eine Art Straßenstrich für Tagelöhner, auf dem bis in die Abendstunden arbeitswillige auf Hungerlohnjobs warteten.

Bruno eilte hinüber und kam nach wenigen Minuten mit zwei Polen im Schlepptau zurück. Er hatte ihnen eine Stange „Camel ohne" abgekauft und jedem einen Zehner versprochen, wenn sie uns den Sarg in den zweiten Stock zu tragen halfen. Eigentlich hatte Bruno nichts von einem Sarg gesagt, sondern nur von großen sperrigen Möbelstücken, wobei ich mir nicht sicher war, ob die beiden überhaupt irgendetwas verstanden hatten.

Als die zwei Polen den Sarg im Heck des Volvos sahen, spuckten sie ihre Zigaretten aus, nahmen die Mütze ab und riefen im Chor „Kurva". Polnisch für „Shit".

Der größere der beiden wich zwei Schritte zurück und schüttelte heftig Zeigefinger und Kopf.

„Das nix. Kurva. Das nix. Tote nix!"

Bruno versuchte ihm klarzumachen, dass dies ein leerer Sarg sei, da der Pole aber nicht verstand, machte er sich daran, den Sarg zu öffnen. Noch bevor er den Deckel angehoben hatte, schrie der Pole, bekreuzigte sich und zog seinen Kumpel am Arm.

In dem Moment als Bruno den Deckel offen hatte, fiel der kräftige Pole, dem man zugetraut hätte, einen Eisbären roh zu essen, in Ohnmacht und sackte auf dem Bürgersteig zusammen.

Sein Kollege starrte erst auf den leeren Sarg, dann auf seinen am Boden liegenden Freund, wieder auf den Sarg und verfiel unvermittelt in einen Lachkrampf.

Zwar beugte er sich hinab zu seinem Landsmann, klatschte ihm aber einige Male mit der Hand ins Gesicht und lachte und lachte, während er abwechselnd mit dem Finger auf den leeren Sarg und auf seinen Kollegen zeigte.

Sein polnisches Lachen war so ansteckend, dass Bruno und ich ebenfalls einstimmten.

Nachdem sich der Teilzeitbewusstlose wieder gefangen hatte, zwar noch etwas mürrisch, wegen der Häme seines Kollegen, aber dennoch auch über sich selbst schmunzelnd, hievten wir den grauen Sarg die Treppen hoch in den zweiten Stock.

Wir ächzten, stöhnten und fluchten. Stießen mit dem Sarg mehrmals im Treppenhaus gegen Geländer und Türen, was zur Folge hatte, dass die alte Klemme ihre Nase zur Tür rausstreckte.

„Was ist denn hier …?", sie stockte, als sie den Sarg entdeckte. „Sie sind ja kriminell. Nicht nur, dass sie die Zeitung stehlen, jetzt auch noch Grabräuber. Ich rufe die Polizei!"

Bei dem Wort Polizei ließen die beiden Polen augenblicklich vom Sarg ab und polterten fluchtartig die Treppen hinunter.

Da standen wir mit einem Sarg auf unserem Stock, zwischen unserer und Frau Klemmes Wohnungstür.

„Na toll!", keuchte ich hechelnd. „Vielen Dank, Frau Klemme, jetzt können wir das Teil alleine weiterschleppen!"

Frau Klemme überhörte alles und schimpfte und zeterte wie eine Weihnachtsgans am vierten Advent.

Brunos Schlagfertigkeit war beneidenswert und ebenso wirkungsvoll. Mit der Ernsthaftigkeit eines Religionslehrers sagte er sanft, aber bestimmt:

„Frau Klemme, sie stören die Ruhe der Toten."

Das hat gesessen. Augenblicklich wurde ihr Gesicht bleich wie Deckweiß. Sie riss die Augen weit auf, bekreuzigte sich schnell, bevor sie rückwärts durch ihre Tür ging und zweimal zuschloss.

Zwei Wochen später war es soweit. Mit Handzetteln und Plakaten hatten wir das Gruftiereignis des Jahres beworben und frei nach dem Motto „Nachts sind alle Katzen blau" wurde Alkohol in Strömen ausgeschenkt.

Um Ihnen einen kurzen Einblick zu geben: KOT für damals eine Mark.

Korn, Ouzo, Tequila, alles je eine Mark.

Dazu harte Gitarrenriffs aus den Boxen und in einer Mitternachts-Showeinlage wurden dann die Bestattungsrequisiten versteigert.

Pit und Todde, die beiden Türsteher, nahmen sich der Versteigerung an. Kerzenleuchter, Leichenhemden, Urnen, Kreuze und Sargbetten gingen zum Ersten, zum Zweiten und zum Dritten für Summen weg, die wir nie für möglich gehalten hätten. Bruno und ich hatten schon nach sechs Urnen, den riesigen Kerzenständern und den Leichenhemden unseren Geldeinsatz wieder drin.

Das beste zum Schluss – so war die Versteigerung des Sarges der Höhepunkt.

Weggegangen ist der Sarg nachher für knapp 700 Mark. Für einen Sarg ein echtes Schnäppchen.

Natürlich konnte der glückliche Ersteiger seinen Sarg nicht sofort mitnehmen. Zum einen brauchte man vier Leute, um das Ding zu schleppen, zum anderen konnten wir nicht zulassen, dass vier angetrunkene Gruftis nachts um vier mit einem Sarg zu Fuß durch die Stadt liefen.

So wurde vereinbart, dass der Sarg am nächsten Tag ab 10 Uhr morgens abgeholt werden kann. Da sei der Putzmann vor Ort. Unser Putzmann war ein 25-jähriger Chinese namens Li. Li studierte an der Uni und verdiente sich so seinen Lebensunterhalt. Li war gewissenhaft, sehr schweigsam und stets freundlich.

Um fünf Uhr morgens wurde der letzte Gast in der horizontalen rausgetragen. Zwei Taxifahrer verweigerten die Mitnahme. Erst der Dritte nahm die Deliriumfracht entgegen.

Kellner und Tresenleute hatten bereits abgerechnet und saßen hinter der Theke am Stammtisch. Sekt stand auf dem Tisch, einer der Türsteher schlief bereits im Sitzen.

„Ich will unbedingt auch mal Probeliegen!", sagte Tine. Tine war Kellnerin. Blond, mit schwarzen Strähnen, trug grundsätzlich silberne Ketten und Ringe mit Drachen, Totenköpfen und Kreuzen. Dazu eine enge schwarze Jeans und ein noch engeres Lederkorsett über ihrem T-Shirt. Tine war unsere Sexy-Hexy, aber lesbisch. Das wusste jeder, daher hatte Tine so eine Art Narrenfreiheit. Tine konnte mit allen mitfeiern, war bis morgens mit den Jungs unterwegs und nie hat sie einer angemacht. Irgendwie ein Stück Freiheit.

Zehn Jahre später hab ich Tine zufällig in der Einkaufsstraße wiedergesehen. Sie schob einen Kinderwagen vor sich her, trug aber immer noch ein fest geschnürtes Lederkorsett über ihrem T-Shirt. Als sie mich erkannte, rannte sie fluchend mit dem Kinderwagen voran hinter mir her. Ich wusste, was Bruno vor einigen Jahren widerfahren war (dazu vielleicht später) und so nahm ich Reißaus. Tine ist einer der Menschen, denen ich lieber nicht mehr begegnen möchte. Ich glaube, sie hat tiefe, festsitzende Rachegelüste, die sie an mir stillen möchte. Aber zurück zu der besagten Nacht.

Tine wollte jedenfalls, nachdem sie von Bruno und mir gehört hatte, dass wir in den zwei Wochen, die der Sarg bei uns zu Hause stand, des Öfteren mal zur Probe gelegen hatten, ebenfalls mal lebendig in einem Sarg liegen.

„Kein Problem!", sagte Bruno. „Leg dich rein!"

„Auf keinen Fall, wenn der Sarg liegt", sträubte sich Tine. Stellt das Ding aufrecht hin, dann hab ich nicht das Gefühl zu liegen."

Wir hievten das Ding auf und stellten es auf die Tanzfläche an die Wand angelehnt, gerade so, dass der Sarg nicht nach vorne wegkippen konnte.

„Voila, Fürstin der Dunkelheit!", Bruno öffnete den Sargdeckel und machte eine einladende Geste einzusteigen. Er erinnerte an einen betrunkenen Liftboy.

Tine zögerte zwar, aber die Neugier siegte und so stellte sie sich hinein, lehnte sich langsam zurück. So erinnerte sie an die Gräfin Dracula, erst recht mit ihren schwarzen Strähnen, dem engen Lederkorsett und all den silbernen Ketten und Ringen mit Schlangen, Totenköpfen und anderem Getier.

„Sobald ich klopfe, lasst ihr mich sofort raus!", forderte sie energisch mit erhobenem Zeigefinger. Es schien so, als ob die Schlange an dem dicken Ring um ihren Finger uns warnend ansah.

„Selbstredend!", Brunos Antwort klang vertrauensvoll.
Irgendjemand brachte Tine noch ein Glas Sekt, bevor der schwere Deckel zugeklappt wurde.
Eigentlich hatte jeder damit gerechnet, dass Tine innerhalb der ersten 60 Sekunden wieder raus wollte, aber sie war entschlossen und als es uns nach 70 Sekunden zu langweilig wurde, um den Sarg herum auf der Tanzfläche stehen, setzten wir uns wieder an den Tisch, leerten Sektfaschen, ließen Joints herumgehen und drehten die Musik auf eine Lautstärke, die Blinde wieder sehend machen könnte. Die Partys nach Feierabend waren immer die besten und dauerten bis in den Morgen.

An diesem Morgen war auf 11 Uhr c.t. im Campus A, Saal 11 in der Uni eine Vorlesung angesetzt, die für Lis Studium von immenser Bedeutung war. Aus diesem Grund kam Li schon um halb acht in den Club zum Putzen und stieß im ganz und gar unromantischen Neonlicht auf den aufrecht stehenden Sarg auf der Tanzfläche, aus dessen Inneren Geräusche zu kommen schienen.
Seine Gesichtsfarbe wich einem Ton, der Taubenkot ähnelte. Er spürte einen Puls, der mit einem Specht konkurrieren hätte können und sein Herz wollte am liebsten direkt am Hals heraushüpfen.
Die Schreie aus dem Inneren klangen bösartig, animalisch und nach „mit mir ist nicht gut Kirschen essen".
Das waren bestimmt all die bösen Geister, vor denen seine Großmutter ihn immer gewarnt hatte.

Es musste ein Geist sein. Plötzlich rief es aus dem Inneren seinen Namen:

„Li? Li, bist du das?" Dazwischen war wieder Klopfen zu hören. „Li?"

Ein Schauer Gänsehaut lief wie eine Laola-Welle durch seinen Körper. Der Geist kannte seinen Namen.

„Wenn du das bist, Li, dann mach diesen verdammten Sarg auf oder ich mach aus dir Chinesisch süß-sauer und zwar am Stück!", Tine war längst über den Punkt der Angst hinweg. Pures Adrenalin der Wut hatte sich aufgestaut.

Li zwang sich zu rationalem Denken. Er war Student und als solcher gebildet und intelligent genug, um nicht an böse Geister in einer Punkdisco morgens um halb acht in einem Sarg auf der Tanzfläche zu glauben.

„Wer ist da?", schien ihm eine geeignete Frage, um mit einem Sarg in Kontakt zu treten.

„Ich bin's. Tine. Lass mich raus du chinesischer Putzteufel, oder ich …"

Li erkannte Tines Stimme. Sie war die dieses schwarz-blonden Manga-Girls, das er schon einige Male morgens hier im Club gesehen hatte. Er war zwar etwas beruhigt, dass der böse Geist nur Tine war, aber dennoch reichte seine Restunruhe aus, um noch eine Frage zu stellen.

„Warum bist du da drin?", er beugte sich etwas vor, wich aber nach seinen Worten sofort wieder zurück.

„Warum wohl? Ich bin gestorben und hab's mir dann doch nochmal anders überlegt. Und wenn du mich befreist, hast du drei Wünsche frei", Tine schrie gereizt wie ein Tyrannussaurus-Rex.

„Drei Wünsche?", wiederholte Li erstaunt.

„Natürlich nicht, du Idiot, die anderen haben mich hier vergessen, jetzt mach endlich den Deckel auf, sonst mach' ich acht Kostbarkeiten aus dir!"

Li machte sich daran, den Deckel zu öffnen und als dieser ein wenig nachgab, kippte er auf und Tine stürzte auf ihn drauf und beide landeten auf dem Boden der Tanzfläche.

Ihre Haare standen – abstrakter Malerei gleich – ab, das Make-up und die Wimperntusche verschmiert von Tränen und Schweiß. Sie fing sich, setzte sich rittlings auf ihn drauf, griff ihm mit beiden Händen an die Kehle:

„Lass mich nie wieder in einem Sarg warten. Hörst du? Nie wieder!" Dann sprang sie auf, wankte und stolperte über die Tanzfläche und verschwand heulend und kreischend zugleich.

Nach den obligatorischen drei Stunden Putzen, in denen Li immer wieder den Kopf schüttelte und daran dachte, wie ruhig doch die chinesische Ein-Parteien-Diktatur im Gegensatz zu diesem Punkerclub war, nahm sich Li den Umschlag mit den 30 Mark, der immer für ihn hinter der Gin-Flasche im Regal stand, als im gleichen Augenblick der Sargdrache Tine wieder auftauchte. Das Korsett wieder eng geschnürt, die Harre noch immer wild, stürmte sie in Begleitung eines tätowierten Hünen herein. Er trug ein Schweißgerät bei sich und hatte eine Gasflasche geschultert.

Der Hüne würdigte Li keines Blickes, sondern machte sich sogleich an die Arbeit und schweißte die Scharniere und den Verschluss des Sarges zu. Nach 10 Minuten war alles erledigt und ehe sie wieder verschwanden, nahm Tine Li am Kragen, zog ihn zu sich heran und flüsterte ihm ins Ohr, er hätte sie nicht gesehen, sonst mache sie aus ihm die berühmten …

„Acht Kostbarkeiten!", vervollständigte Li ihren Satz und nickte eifrig nickend.

Li entschloss sich, diesen seltsamen Ort zu meiden und hinterließ eine handschriftliche Nachricht:
„Ich komme nix mehr wieder. Li."

Am gleichen Vormittag gegen 11 Uhr, stürmte Bruno in mein Zimmer:
„Alter!", er wankte vom Restalkohol. „Wir haben Tine im Sarg vergessen!"
Solange, wie es braucht, dass eine Taube „Gurr" sagen kann,

dauerte es und ich stand senkrecht im Bett, stürmte in meine Jeans, trat meine Schuhe im Rauslaufen fest, flugs eine Jacke drüber gestreift und Bruno im Schlepptau.

„Wieso hast du vergessen, sie da rauszuholen?", schrie ich Bruno hinterm Steuer an. Ich musste meine Gedanken sortieren. Wir waren irgendwann gegen acht Uhr morgens zuhause gewesen. Jetzt war es ca. halb zwölf. Das hieße, Tine liegt, bzw. steht seit über sechs Stunden in diesem Sarg.

„Für wie lange hat man Luft in so einem Sarg?", ich machte mir ernsthafte Sorgen.

„Weiß nicht, ich glaube nicht, dass der Lüftungsschlitze hat." Bruno schüttelte den Kopf, um einigermaßen klar und heil durch den Verkehr zu kommen. „Die muss man sicher extra bezahlend, wenn man die haben will." Er kicherte.

„Du Idiot!", schrie ich. „Verstehst du nicht? Die könnte mittlerweile tot sein!"

„Dann liegt sie ja richtig!", Bruno verschluckte die letzten Worte. Ihm wurde klar, wie unwitzig und ernsthaft die Situation war.

Eine Viertelstunde später versuchten wir, den blöden Sargdeckel zu öffnen. Ohne Erfolg. Alle Rufe in das Sarginnere blieben unbeantwortet.

Das war kein Spaß mehr. Ich rief Polizei und Feuerwehr und hoffte, dass Tine nur ohnmächtig war.

Die Polizisten konnten die Geschichte kaum glauben, sahen aber ebenfalls den Ernst der Lage.

Die Feuerwehr kam mit Schweißgeräten und einer hydraulischen Druckschere. Die Schwierigkeit bestand darin, Tine nicht zu verletzen, wenn man den Sarg gewaltsam öffnete.

Zwölf endlos lange Minuten brauchte die Feuerwehr, um den Sargdeckel endlich anzuheben. Zwölf Minuten, in denen mir die schlimmsten Bilder einer erstickten Tine durch den Kopf gingen. Bruno rauchte eine „Camel ohne" nach der anderen. Dann endlich brachen die zugeschweißten Scharniere unter dem Druck der Hydraulikschere.

Im Inneren des Sarges war nichts bis auf einen vollgekritzelten Bierdeckel auf dem stand …

„Ich warte auf Euch in der Hölle."

Bruno und ich brachten kein Wort hervor.

Weder Polizei, noch Feuerwehr sahen begeistert aus und alles sah danach aus, als ob wir Betrunkenen uns einen Streich erlaubt hätten.

Unsere Aussagen wurden auf der Wache noch einmal zu Protokoll genommen und man teilte uns mit, dass wir die Kosten des Einsatzes zu tragen hätten.

Als wir später in den Club zurückkehrten, wartete schon der glückliche Ersteigerer des Sarges darauf, sein Schmuckstück abzuholen.

Wir versuchten ihm zu erklären, was passiert war, aber er glaubte uns kein Wort.

Als wir den Zettel von Li fanden, dämmerte uns langsam aber sicher, wie Tine aus dem Sarg gekommen war.

Tine tauchte nie wieder im Club auf.

Die Rechnung flatterte sechs Wochen später in unseren Briefkasten. Für den Einsatz von Polizei und Feuerwehr hatten wir insgesamt knapp 6.000 Mark zu berappen.

Mangels Kohle einigten wir uns mit der Stadtkasse auf eine Ratenzahlung.

Sechs Jahre später, ich war schon längst weggezogen und lebte zu dieser Zeit in Südspanien, als Bruno sich am Tresen einer Kneipe gerade eine filterlose Camel ansteckte, als er einfach nach hinten umkippte.

K.O.-Tropfen.

In den frühen Morgenstunden am darauffolgenden Tag fand man einen nackten Mann in einem Rollstuhl im Paternoster des Rathauses.

Der Rollstuhl war an die hinteren Haltestangen in der Paternoster-Kabine angeschweißt und der nackte, hilflose Mann mittels

Handschellen an Händen und Füßen an den Rollstuhl gefesselt. Auf seiner Stirn standen mit wasserfesten Edding die Worte:

„Ich bin ein Arschloch!"

Aus diesem Grund drehe ich mich auch heute noch immer wieder um und blicke manchmal panisch und gehetzt meine Umgebung an.
Einmal war ich Tines Rache entkommen. Ein zweites Mal würde das vielleicht nicht klappen. Ja, ich bin ein Teilzeit-Paranoiker.

ELOKWENT

Natürlich kennen Sie auch solch eine Person. Jeder kennt eine. Leute, die sich unheimlich eloquent ausdrücken, aber einfach zu oft das falsche Fremdwort benutzen oder teilweise sogar Wörter vollkommen neu kreieren, von denen sie so überzeugt sind, dass nicht einmal Herr Duden persönlich sie davon abbringen könnte. Der Mann einer Freundin meiner Freundin. Soweit kommen Sie mit, oder?

Schon sein Name ist eine Zumutung: Giselher.

Wer sein Kind Geiselher tauft, will wahrscheinlich einfach nicht, dass es glücklich wird. Giselher ist, was Fremdwörter angeht, sehr flexibel und wenn man bei ihm mitkommen möchte, braucht es oftmals einiges an Phantasie oder man reimt sich den Sinn aus dem Kontext zusammen. So nutzt Geiselher grundsätzlich das Wort Apartment statt Abonnement oder Pergament statt permanent. Die Liste ist lang, aber ich habe versprochen, ich mache mich nicht mehr über ihn lustig. Hoch und heilig habe ich das versprechen müssen, bei dem Leben meines verstorbenen Kanarienvogels.

Meine Freundin kam mit dieser Einladung nachhause. Zum Essen in ein Restaurant. Giselhers Geburtstag. Er lud zu einem sehr rustikalen, aber gemütlichen Italiener ein. Soweit hatte er es schon mal richtig gemacht.

Ich dachte gerade laut darüber nach, ob Giselher rustikal und fäkal verwechseln würde, als meine Freundin mir unter Androhung ausgedehnten Sexentzugs klarmachte, dass ich mich an diesem Abend nicht mal auch nur ein bisschen über Giselher lustig machen durfte.

Ich fragte sie:

„Wie lange ist ausgedehnt?".

„Du beginnst bereits, es dir zu vermasseln!", sagte sie schroff wie ein Dachziegel.

„Schon gut, ich benehme mich", gab ich klein bei.

Wir kamen mit als Letzte an, denn meine Freundin musste vorher erst noch nach Delphi fahren, um das Orakel wegen ihrer Kleiderwahl zu befragen. Alle gaben sich unverbindliche Wangenküsse oder kumpelhafte Handshakes.
Irgendwann im Laufe der ersten Minuten, ich hatte schon drei Grappa als Aperitif gestürzt, kam Giselher auf dieses Restaurant zu sprechen, wie gemütlich es doch sei. Richtig schön fiskal.
Ich wunderte mich immer, wieso eigentlich niemand lachte oder losprustete, wenn Giselher solche granatenhaften Vorlagen raushaute.
Zur Auswahl, fuhr er fort, hätte auch noch der Grieche gestanden, aber der sei komplett restauriert gewesen, klärte uns Giselher auf.

„Komplett?", fragte ich böse bohrend.

„Ja, alles voll!", antwortet Giselher, ohne auch nur zu ahnen, was er da gesagt hatte.
Ich spürte den Tritt meiner Freundin unterm Tisch.
Manchmal geht das Böse mit mir durch.
Ich schlug alle Drohungen meiner Freundin in den Wind. Leichtsinnig begann ich mit:

„Wir waren neulich auch beim Griechen, stimmt's Schatz?", ich blickte sie fordernd an.
Sie nickte kurz, setze den Mit-mir-ist-nicht-zu-spaßen-Blick auf und sah mich warnend an.

„War sehr gut. Wir hatten Chinchilla und Suzuki. War wirklich gut. Nur der Suzuki hat für meinen Geschmack zu stark nach Knoblauch geschmeckt.
Ich bemerkte die fassungslosen Gesichter in der Runde.
Meine Freundin trat mich unterm Tisch so heftig, dass mir die Tränen in die Augen schossen.

„Wenn ich an die Schärfe des Suzukis denke, tränen mir noch jetzt die Augen", brachte ich geistesgegenwärtig hervor. Ich hatte es gebrochen. Das ungeschriebene und unausgesprochene Gesetz.

In Gesellschaft mit Giselher vermied man, ihn auf Fremdworte oder Fehler hinzuweisen.

Ich tat es dennoch.

Und wie auf Zuruf mischte sich Giselher ein. Die Arena war eröffnet.

„Das heißt nicht Chinchilla und auch nicht Suzuki, was ihr da gegessen habt."

„Natürlich!", gab ich zurück. „Ich weiß doch, was ich bestellt habe."

„Und was hast du bestellt?", entgegnete Giselher. Mit dieser Frage hätte ich den Spaß beenden können, aber ich gab nicht auf.

„Die Nummer 23!", sagte ich keck, aber selbstbewusst.

„Weißt du überhaupt, was Chinchilla ist?", fragte mich Giselher.

Seine Frau versuchte, das Gespräch zu übernehmen, indem sie lachte und das Glas erhob.

„Egal, ob Chinchilla oder nicht und wenn sie dieses asiatische Bibimbap gegessen haben. Wir feiern heute deinen Geburtstag." Sie erhob ihr Glas, doch Geiselher ignorierte sie.

„Bibimbap gibt es nicht beim Griechen!", Giselher ließ nicht locker. „Das gibt's nur beim Koriander!"

Ich konnte nicht mehr und prustete los. Meine Freundin schlug mir sogleich auf den Rücken und versuchte, die Situation zu retten, indem sie vortäuschte, ich hätte mich verschluckt.

„Und weißt du überhaupt, was Chinchilla ist?" Giselhers Starrsinn kam mir gelegen.

„Klar, das sind diese leckeren Dinger, die aussehen, wie gegrillte Hundewürste!

„Was du meinst, sind diese Monchichi." Giselher klopfte vehement zur Untermauerung seiner Worte mit dem Zeigefinger auf den Tisch. Es klang wie ein Specht auf Valium.

„Monchichi?", entgegnete ich erstaunt. „Schatz", ich sah meine Freundin auffordernd an. Aus ihren Augen traten Krampfadern, wie wütende Schlangen hervor. „Sind das nicht diese Pralinen mit der Kirsche?" Ich wusste, Sex war für mich Geschichte, aber ich war in Fahrt wie ein Lada mit Heckspoiler. „Wie heißt sie noch gleich, diese Kirsche, ah, ja, Zement-Kirsche, genau!"

Geiselher schüttelte fast mitleidig den Kopf, so als wollte er „du Dummerchen" sagen. Seine Frau versuchte ihn noch zu stoppen, aber da sprudelte es schon aus ihm heraus.

„Benjamin, Benjamin. Manchmal muss man dir aber auch alles erklären. Die Pralinen heißen Tai-Chi mit der Piment-Kirsche. Aber wenn du schon alles so präzise weißt und dich für so elogant hältst, dann solltest du deine Fremdwörter auch korrekt einsetzen. Beim Griechen gibt's Monchichi mit Sashimi. Das ist die Soße mit dem Knoblauch. Von deinem Gerede kriegt man ja Meniskus in den Ohren. Sich ständig so in den Mittelpunkt zu stellen hat vielleicht ja auch mit einer Persönlichkeitsstörung zu tun. Ich weiß nicht, ob man das mediterran behandeln kann, aber sonst müssest du mal zum Psychopathen gehen, um deine Symphonie loszuwerden. Aber Gott sei Dank sind wir alle so geistesvergewärtigt, dass wir deine seltsame Art der Kommunalisation verstehen. Vielleicht liegt es aber auch an diesem italienischen Papa. Davon sollte man wahrscheinlich nur einen und nicht gleich drei als Apparativ zu sich nehmen."

Als Giselher geendet hatte, glich die Runde um den Tisch einem Kloster, in dem jeder ein Schweigegelöbnis abgelegt hatte. Sekunden später war das Schweigen gebrochen und alle prusteten los. Niemand konnte mehr an sich halten und Giselher nahm dieses Gelächter als Kompliment für seine kleine Standpauke an mich.

„Vielleicht hast du Recht, Giselher", sagte ich kleinlaut und unter größter Anstrengung, ein ernsthaftes Gesicht zu wahren. Aber eines versteh ich bis heute nicht", Giselher sah mich fragend an und die Tischgesellschaft tat es ihm gleich – bis auf meine Freundin, die sich angewidert von mir abwandte:

„Warum", fragte ich sehr interessiert: „Warum nennen die Italiener ihren Schnaps nach dem Vater, wieso Papa und nicht Mama?"

Giselher sah mich lange schweigend an: „Das ist allerdings eine gute Frage." Er nickte mit der Ernsthaftigkeit eines Wackeldackels, drehte sich um und winkte den Kellner herbei: „Sagen Sie, wieso heißt das eigentlich Papa und nicht Mama?". Der Kellner blickte verstört in die kichernde Runde und mir bohrte sich wie ein glühendes Eisen der zehn Zentimeter lange Absatz meiner Freundin durch meinen Fuß, während mir dieser allgemein bekannte Ausspruch durch den Kopf ging: „Sex ist doch überwertet"

DIETER GRENZ

Altbauwohnung in der Alten Lübecker Chaussee.
Fünf Zimmer, Küche, Bad. Dieter bewohnte das kleinste Zimmer. 3 x 4 x 5 Meter.
Ich habe nie verstanden, warum Altbaudecken so hoch sind.
Was will ich denn mit einer fünf Meter hohen Decke?
Andersherum wäre es wesentlich effizienter: 4 x 5 x 3 Meter.
Unsere WG hatte also viel Raum und dafür wenig Platz.
Dieter hatte weder Job, noch Lust. Er studierte.
Obwohl er eines Abends dramaturgisch wirkungsvoll verkündete, er hänge das Studieren an den Nagel und werde ab sofort nur noch probieren, war er offiziell weiterhin Student.
Sagte er jedenfalls.
Dieter probierte alles.
Ganz egal was.
Wenn probieren über studieren ginge, dann würde er es herausfinden.
Dieter probierte, was ihm in den Sinn kam.
Und Dieters Sinn stand wie eine Bahnhofsmission der Heilsarmee für alles offen.
Wie fühlt es sich an, sich die Zähne mit Senf zu putzen und was sagt der Zahnarzt dazu?
Kann man aus Lichtschaltern eigentlich Dunkelschalter machen? Dieter schrieb dazu ein kleines Dossier, reichte seine Erfindung beim Patentamt ein und schimpfte wie ein italienischer Gemüsehändler als er eine Absage des Patentamtes erhielt.
Wenn man einen ganzen Tag rückwärts geht, kommt man trotzdem ans Ziel? Dieter probierte es aus.

Was für Leute sind Erbsenzähler? Warum tun die das? Dieter riss im Supermarkt um die Ecke alle Tiefkühlerbsen auf und zählte sie. Er kam bis 2655, als ihn zwei Polizisten abführten.

Am Ostersonntag stand Dieter mit einem Weihnachtsmannkostüm am Eingang zur Kirche und begrüßte die Besucher der Ostermesse mit den Worten:

„Selig sind die, die zu spät kommen!"

Eines Nachmittags musste ich Dieter von der Polizei abholen. Ihm war Hausverbot erteilt worden, als er probierte, in der Elektroabteilung eines Kaufhauses die Waschtrommel einer Waschmaschine als Salatschleuder zu nutzen.

Und eines Abends bestellte Dieter Pizza, die er mit dem Pürierstab bearbeite.

„Voila, Pizzabrei!" Er reichte jedem am Tisch ein kleine Schüssel Pizzamus.

Dann entdeckte Dieter die Drogen. Er probierte alles aus. Aus finanziellen Gründen aber mixte er sich die Drogen selbst, bis er eines Tages ein Rezept für Stechapfeltee gefunden hatte.

Heute glaube ich, dass dieses Stechapfelteerezept eine unsichtbare Tür aufgestoßen hat, die hinter Dieter zugefallen ist und ihm den Rückweg in die alte Welt versperrte.

Seitdem irrte er umher in den Weiten des unentdeckten Universums auf der Suche nach Mr. Spock und anderen.

Ein Wochenende im Sommer. Irgendwo gab's ein Festival und unsere WG war geschlossen – bis auf Dieter – auf dem Festival unterwegs.

Trotz Temperaturen, bei denen man versucht war, Metall einzuschmelzen, regnete es ununterbrochen.

Schon am ersten Abend mutierte der Boden unter unserem Zelt zu Brei und wir schliefen wie auf einem Wasserbett.

Der Sommerregen prasselte auf uns nieder wie warme Suppe und insgeheim beneideten wir Dieter, der zuhause geblieben war.

Dieter aber nutzte die sturmfreie Bude, um sein neues Stechapfelteerezept auszuprobieren.

Erst sehr viel später, als Dieter bereits durch die Stechapfeltür hinüber in eine andere Welt gegangen war, erfuhr ich, dass Stechapfel eine halluzinogene Wirkung, ähnlich wie Pilzen oder LSD, zugeschrieben wird.

Erste Anzeichen für Dieters Trip nahmen wir bereits beim Betreten des Treppenhauses wahr.
Laute Heavy-Metal-Musik beschallte den Flur und Frau Schneider im Erdgeschoss erwartete uns. Sie trug Ohrenschützer aus schwarz-weißem Kuhfellimitat.

„Sie! Sie, das geht nicht! Da oben hausen ja die Randalen!" schrie sie.

„Das heißt Vandalen, Frau Schneider. Vandalen", verbesserte ich sie. Ich wusste, dass brachte sie immer so richtig in Brass. Schließlich betrieb sie vor der Rente einen kleinen Kiosk in einer Grundschule.

„Was?", schrie sie erneut.
Ich deutete ihr, die Ohrenschützer abzusetzen.

„Ich sagte, das heißt Vandalen!"

„Ach was. Sie haben doch keine Ahnung. Die randalieren. Und genau deswegen heißen die Randalen, weil die randalieren. Sie Klugscheißer!" Sie fuchtelte mit ihrem Ohrenschützer vor unseren Gesichtern herum, als wäre er ein gefährlicher Degen. „Wissen Sie, ich hatte mal einen ...."

„Kiosk an der Grundschule", vollendete ich ihren Satz gelangweilt.

„Sorgen Sie dafür, dass das hier wieder in Ordnung kommt, sonst rufe ich persönlich die Polizei!" Sie verschränkte zum Ausdruck ihrer Entschlossenheit ihre Arme. Ein bisschen so wie Meister Popper Senior, warf die Tür zu und war verschwunden. Man hörte sie noch ein wenig schimpfen hinter der geschlossenen Haustür.
Die Wände es Treppenhauses waren in bunten Farben in Schlangenlinien bemalt. Als ob jemand mit vier Pinseln an der Wand wellenförmig die Treppen hochgelaufen wäre.
Im ersten Zwischengeschoss auf halber Treppe stand Bennis

alte verlassene Hundehütte aus dem Hof.

Benni, die dänische Dogge des Hausmeisters war schon vor über fünf Jahren ausgezogen und bewohnte nun einen herrschaftlichen Palast hinter der Regenbogenbrücke, aber seine mittlerweile vom Holzwurm zerfressene Behausung war sozusagen als Grabsteinersatz zur Erinnerung im Hof stehen geblieben.

Das Holz war stellenweise schimmelig und begann sich aufzulösen. Dennoch schien jemand in der Hundehütte zu schlafen. Zwei stark behaarte Beine in Gummistiefeln ragten in einer, meiner Ansicht nach sehr unbequemen Haltung heraus.

Eine Hüfte, die durch eine blaue Boxershorts verdeckt war, steckte im Eingang fest und aus dem Inneren der muffigen Hütte dröhnte ein röchelndes Schnarchen.

Eine halbe Treppe höher stand unsere Wohnungstür weit offen.

Bunte Kreise und Ovale zierten die Tür und dort, wo der Türspion eingefasst war, hatte jemand einen großen Hintern gemalt und der Spion war das Arschloch.

Das war schon eine eindeutige Botschaft an eventuellen Besuch!

„Wir gucken dich aus dem Arsch an."

Wir waren erstaunt, erschrocken, bestürzt und vor allen Dingen müde. Jeder von uns wollte eigentlich nur unter die Dusche und ins Bett, aber die abstrakte Umgestaltung unserer Wohnung ließ das nicht zu.

Alle Küchenstühle standen im Flur aufgereiht.

Farbeimer und Töpfe mit teilweise angetrocknetem Lack standen wild umher. Überall lagen Pinsel und Farbrollen.

Alles war irgendwie bemalt. Sogar der Fußboden – und als ich erst einmal schiffen gehen wollte, bemerkte ich, dass selbst Waschbecken und Kloschüssel halbherzig mit der Lackierrolle bearbeitet worden waren.

Dieter und irgendeine Braut, die von den Brüsten abwärts in aufgeschnittenen blauen Mülltüten steckte, die sie sich mit zwei Bademantelgürteln umgebunden hatte, lagen in der Küche auf einer Matratze. Muss wohl die von Dieters Bett gewesen sein.

Irgendjemand stellte die Musik ab.

Die plötzliche Stille war fast erschreckend.

Ich versuchte, Dieter zu wecken. Er ruderte unbeholfen wie eine klatschende Robbe mit den Armen um sich und rief: „In Deckung, in Deckung!" Dann fiel er zurück auf die Matratze.

Erst jetzt bemerkte ich, dass Dieters Haare auf der rechten Seite komplett fehlten. Abrasiert. Dafür fehlten die seiner Müllsackpartnerin auf der linken Seite. Seltsamer Partnerlook.

Wir verbrachten den ganzen Tag, um nur das Gröbste wieder in Ordnung zu bringen und unsere Wohnung in einen halbwegs annehmbaren Zustand zu versetzen.

Der Typ aus der Hundehütte war kommentarlos verschwunden, hinterließ aber vorher eine ausgiebige Portion Erbrochenes vor den Briefkästen im Erdgeschoss. Sehr zur Verzweiflung von Frau Schneider. Wahrscheinlich war sie der Ansicht, dass Typen, die sich in fremden Häusern erbrechen, Erbrecher sind.

Es dauerte Wochen bis unsere WG wieder zu dem geworden war, was sie vor diesem Wochenende war.

Dieter war seitdem ein anderer Mensch. Er probierte wesentlich weniger als vorher und machte Dinge, die uns teilweise ängstigten.

Eine Zeit lang wohnte die Müllsackfrau noch bei ihm im Zimmer, zog aber eines morgens unter lautstarkem Geschrei aus.

„Lauter Verrückte hier! Da hält es ja keine Sau aus", waren ihre Abschiedsworte.

Eines Nachts wachte ich auf, als Sonja bei mir am Bett stand und fragte, ob sie bei mir schlafen könne.

Ich stand schon immer auf Sonja und nie hätte ich geträumt, dass sie mal bei mir auf der Bettkante sitzen würde.

„Ich habe Angst! Dieter ist gerade gute 20 Minuten um mein Bett herumgeschlichen und hat unverständliches Zeugs ge-

murmelt. Ich habe mich nicht bewegt und schlafend gestellt."
Man merkte ihr die Angst an und mir wäre es wahrscheinlich nicht anders ergangen, wenn Dieter um mein Bett herumgeschlichen wäre.

„Er dreht vollkommen durch", sagte ich. „Heute bin ich in sein Zimmer gegangen, da saß er auf seinem Bett, hatte eine Eisenkette in der einen und ein Wurfmesser in der anderen Hand!"
Sonjas Augen wurden größer. Ich hätte die Zeichen bemerken sollen.

Tatsächlich hatte Dieter bevor ich etwas sagen konnte das Messer genau zwischen meine Beine geworfen. Die Messerspitze steckte zitternd im Dielenfußboden. Ich war viel zu verdutzt, um zu reagieren, aber Dieter lachte und sagte stolz.

„Ist ein chinesisches Wurfmesser. Hat 'nen Drachen in der Klinge eingraviert. Das trifft immer."
Da war ich froh, dass es diesmal nicht mich getroffen hatte.

Ich war natürlich ein vollkommener Vollidiot, Sonja in dieser Situation die Geschichte vom Nachmittag zu erzählen. Was hatte ich erwartet?

„Ich bleibe keine Sekunde länger in dieser Wohnung", sagte sie, schaltete das Licht ein und verursachte so viel Lärm wie möglich, um Dieter zu zeigen, dass alle wach sind. So beruhigte sie sich wahrscheinlich.

Mit der Eile einer Maus, die vor dem Falken flieht, packte sie eine Tasche und verschwand mitten in der Nacht zu ihrer Freundin.

Ich hätte Sonja in dieser Nacht in meinem Bett haben können, aber ich hatte es vermasselt. Ich Depp, ich.

Die Gelegenheit kam nie wieder.

Sonja zog eine Woche später aus und hatte nur ihren Bruder und zwei Kumpel vorbeigeschickt, die ihre Sachen abholten.

Wir brachten Dieter unter einem Vorwand in die Nervenklinik am Stadtpark und bei dem Gespräch, das der Arzt erst mit uns und dann mit Dieter allein führte, hat Dieter angegeben, ihm sei immer ein wenig kopfschlecht, seit ihm beim Basteln ein Balken auf den Kopf gefallen ist.

Dieter ließ sich damals freiwillig einweisen, auch auf unseren Druck hin.

Sonja habe ich nach einigen Jahren zufällig mal wieder gesehen. Sie war schwanger und sah immer noch umwerfend aus. Heute hat sie fünf Kinder und einen Hund.

Dieter habe ich nie wieder gesehen. Irgendwann einmal habe ich gehört, er sei mit einem geklauten Motorrad mit 200 Sachen als Geisterfahrer durch den Elbtunnel gerast und mache irgendetwas mit Computern.

Abstruse und verrückte Geschichten und Erlebnisse begleiten mich schon ein Leben lang. So entstand die Idee, sie einmal aufzuschreiben.

Abstruse und verrückte Geschichten und Erlebnisse begleiten mich schon ein Leben lang. So entstand die Idee, sie eimal aufzuschreiben

BENJAMIN TOMKINS
live

WWW.PUPPENFLÜSTERER.COM

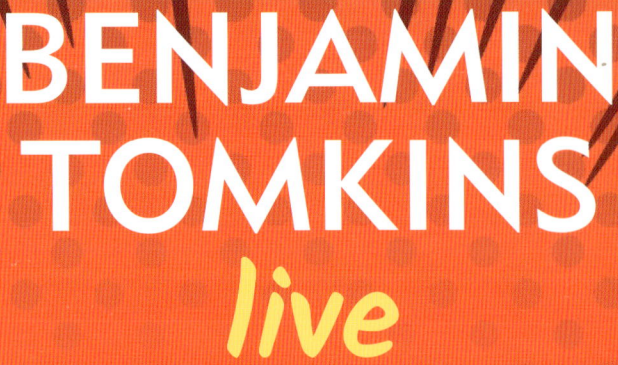

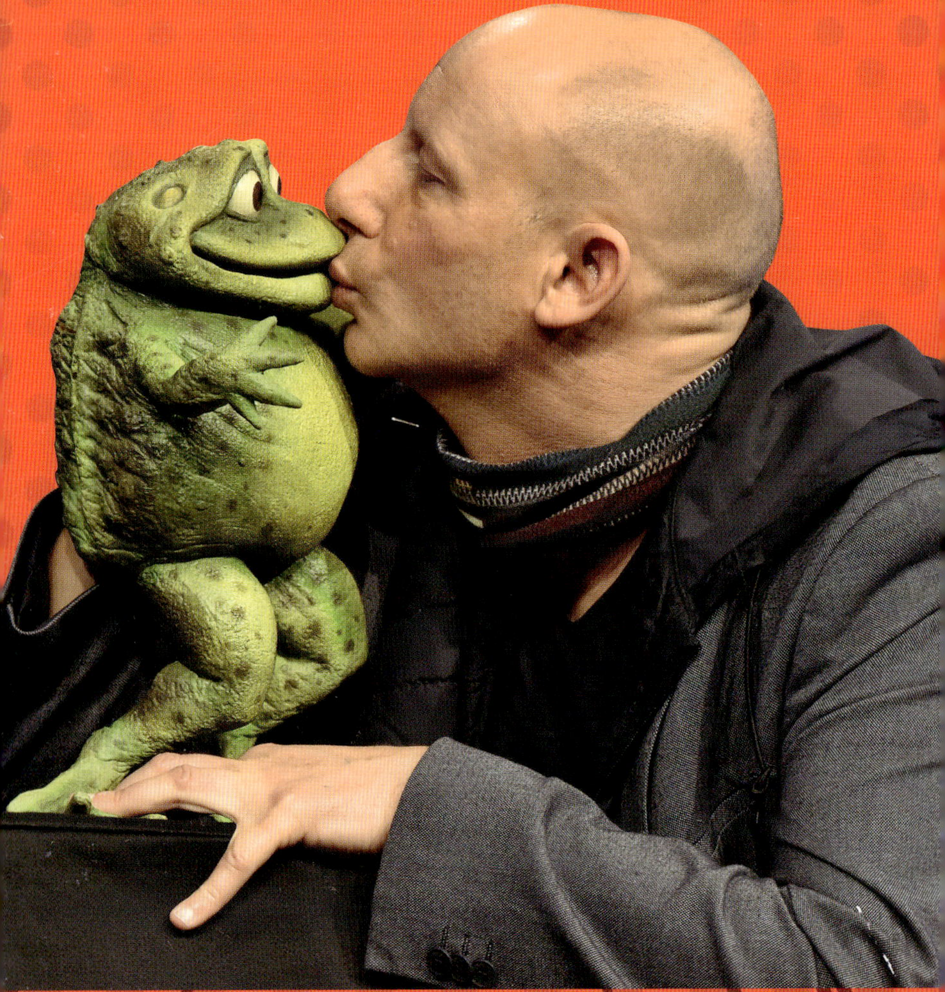